国家社科基金重大项目
“英国经济社会史文献学专题研究”（17ZDA225）阶段性成果

英国经济社会史文献学著作指南

张乃和　主编

A GUIDE TO BIBLIOGRAPHICAL WRITINGS ON BRITISH ECONOMIC AND SOCIAL HISTORY

人民东方出版传媒
People's Oriental Publishing & Media
東方出版社
The Oriental Press

图书在版编目（CIP）数据

英国经济社会史文献学著作指南 / 张乃和主编 . -- 北京 : 东方出版社，2020. 12
ISBN 978-7-5207-1754-0

Ⅰ. ①英… Ⅱ. ①张… Ⅲ. ①经济史－文献学－著作－介绍－英国 Ⅳ. ①F156. 19

中国版本图书馆 CIP 数据核字（2020）第 235703 号

英国经济社会史文献学著作指南
(YINGGUO JINGJI-SHEHUISHI WENXIANXUE ZHUZUO ZHINAN)

主　　编：张乃和
责任编辑：张晓雪　李小娜
出　　版：东方出版社
发　　行：人民东方出版传媒有限公司
地　　址：北京市东城区朝阳门内大街 166 号
邮　　编：100010
印　　刷：永清县晔盛亚胶印有限公司
版　　次：2020 年 12 月第 1 版
印　　次：2024 年 6 月第 2 次印刷
开　　本：787 毫米 ×1092 毫米　1/16
印　　张：15
字　　数：188 千字
书　　号：ISBN 978-7-5207-1754-0
定　　价：68. 00 元
发行电话：（010）85924640

目录

第一编 —— 一般著作

第二编 —— 专题著作

第三编 —— 附录：期刊、数据库与网站

序

张乃和教授主编的新作《英国经济社会史文献学著作指南》，是他承担的2017年国家社科基金重大项目“英国经济社会史文献学专题研究”的阶段性成果。这项重大课题的立项，是加强我国经济社会史学科基础研究的重要举措。作为这项重大课题的阶段性成果，这部著作选题新颖、内容丰富、视野广阔、独具特色，是从事英国经济社会史研究不可多得的必读书目之一。

经济社会史（Economic and Social History）形成于20世纪70年代，迄今为止不过半个世纪。经济史曾是它的前身。经济史在西方国家确立于19世纪末，是学术专业化的成果之一，不过经济史专业化不久就受到人们对其单一性和狭隘性的批评。经济和经济发展固然重要，可是它远不是人们生活的全部内容；它也不能全方位地阐释人类历史，特别是中世纪晚期以来现代化的历史进程。不同地区和国家经济发展的缓速问题很难从经济本身得到答案。在这种情势下，主张经济的、文化的、法律的和宗教信仰的等多维度观察视野，主张关注普通民众生活过程，和主张历史长时段研究的一个新兴学科，冉冉升起，这就是经济社会史。该学科一出现，就极其富有活力并受到人们的普遍欢迎，各大学如剑桥大学等纷纷设置专门的经济社会史课程和培养方案，从本科生到博士研究生；出现了一大批有影响力的作品和专业研究人员，特别是它的学术作品深刻改变了历史叙述风格，深化了人们对真实历史的认知。在拓宽历史学研究领域和繁荣我国人文社会科学的双重诉求下，近一二十年，我们与全国史学界同仁一道致力于我国历史学科的创新。1999 年我们在天津师大率先成立欧洲经济社会史研究中心（欧洲文明研究院前身），2001 年，来自 30 多所高校和中国社会科学院的学者聚首天津蓟县盘山，就一个新兴学科的概念、理论与方法进行探讨，并试图对该学科在我国发展前景作出评估，产生了广泛影响。2005 年创办《经济社会史评论》，现今已成为国内外发行的正式期刊。我们也发表了一系列的相关著述，培养了一批批博士和硕士。不过，我们仍然做得不够，我们应当为发展我国人文社会科学作出更多的努力，特别是一些基础性的工作，这就是乃和教授任首席专家的国家社科基金重大项目“英国经济社会史文献学专题研究”，以及《英国经济社会史文献学著作指南》一书的由来。

我们认为，经济社会史的文献学，尤其是英国经济社会史文献学，至今仍是一个薄弱领域。实际上，国外尤其是英国学者从一开始就非常重视经济社会史文献学的建设，并取得了一系列的重大成果。国内学者对此关注和研究不够，以中国学者的视野、观点和问题意识去研究英国经济社会史文献学，有待深入推进。这部《英国经济社会史文献学著作指南》从介绍、评述和导读英国经济社会史文献学著作入手，选题新颖，可以说是补白性的尝试。

经济社会史无疑是历史研究的新方向。从内容上看，其研究对象相当繁复，例如，英国经济史学会的期刊《经济史评论》对英国经济社会史文献的分类就多达 19 种，涵盖了诸如原始文献、农业和农业社会、工业与国内贸易以及地方史、人口统计、妇女史等多种专题的文献。这部《英国经济社会史文献学著作指南》则从系统性整体性出发，对英国经济社会史文献学著作分两大编，即基本工具书、一般理论与丛书等为第一编；五大专题为第二编，它们是："婚姻、家庭与人口""土地产权、'三农'与城乡关系""疾病、医学与社会救助""城市工商业、市场与国家""法人、社会组织与社会治理"等。这样的分类，不仅内容丰富，而且学术视野开阔，独具中国学者特有的问题意识。这是在英国经济社会史文献分类学的一个创新性尝试，值得肯定和鼓励。

在当今大数据时代，数据库已成为学习研究历史的必备资源。这部《英国经济社会史文献学著作指南》专列一编，对英国经济社会史文献学重要期刊、数据库与网站进行了细致的梳理和评介。其中，对五大基本数据库的介绍，尤其显得必要。这些数据库涵盖了极其丰富的史料，至今未能受到应有的重视，更未得到充分利用。然而，利用数据库资源，需要一些文献学的基本功，为此这部著作在导论部分澄清了许多相关概念，首次较为系统地梳理了学习研究英国史必不可少的文献学基础理论和方法。同时，针对我国学术界关注的一些问题，梳理和介绍了相关经典著作和前沿文献学著作。这不仅极大地方便了国内学习研究者更加充分利用数据库资源，而且避免盲目选题和重复劳动，从而有力地推动我国的英国经济社会史学科建设。

英国经济社会史文献浩如烟海、卷帙浩繁，相关的文献学研究工作十分艰巨而复杂。难能可贵的是，乃和教授带领编写人员花费数千元从国外购买了 30 多部英国经济社会史文献学著作，在这里与大家分享；当下他正带领课题团队对英国经济社会史文献学著作进行扎实的收集与整理，可谓是筚路蓝缕，这种追求学术的精神，令人感动。乃和教授对英国经济社会史文献学关注多年，这部著作不仅是课题的中期成果，也是他多年讲授研究生相关课程的总结，相信对学习研究英国历史文化、爱好关注英国历史文化的人们同样有参考价值。期待作者有更多的相关研究成果陆续面世。在本书即将付梓之际，遵乃和之嘱，是为序。

侯建新

2020 年 6 月于天津

凡 例

一、本书在多年教学的基础上编写而成，是针对英国经济社会史文献学方面的著作进行的述评和导读，而不是英国经济社会史文献的汇编，也不是英国经济社会史学科方向的史学史。

二、本书的英国经济社会史是指历史学的分支学科。它滥觞于19世纪后期，兴起于20世纪20—30年代，繁盛于20世纪60—70年代，至今方兴未艾，其研究领域涵盖从古至今的英国经济社会问题。

三、本书的英国经济社会史文献学是指围绕英国经济社会史文献的产生、流变、性质、类型、整理、传播和利用等问题开展研究的分支学科。与中国历史文献学一样，英国经济社会史文献学不仅涉及一般历史文献学理论方法，而且涉及文献目录学、版本学、注释学、校勘学、编纂学、文本学、古文字学、年代学、数字化检索与利用等诸多领域。

四、本书正文包括一般性的英国历史文献学著作与英国经济社会史专题性文献学著作两编。一般著作包括基本工具书、一般理论与丛书等；专题著作包括“婚姻、家庭与人口”“土地产权、‘三农’与城乡关系”等专题。附录的“期刊、数据库与网站”可视为第三编。

五、本书附录所收录的有关英国经济社会史文献学的资源很重要。在当今大数据时代，这些数据库与网站在检索、存储、携带、传播和利用等方面，具有传统纸质文献学著作所不具备的优势。

六、本书主要依据问题相关度设置条目排列顺序，兼顾我国的英国经济社会史研究的历史、现状与未来趋势。每条目之标题，并非该条目所涉及文献学著作名称，而是对其主题内容的概括。在每条目之下，有的只涉及一部著作，有的则涉及多部著作。当涉及多部著作时，按著作出版的时间顺序排列。

七、本书不仅关注文献本身的“书谱”，还关注文献责任者的“学谱”。欲知其书，必先知其人；欲知其人，必先知其世。正如孟子所言：“颂其诗，读其书，不知其人，可乎？是以论其世也，是尚友也。”（《孟子・万章下》）因此，每条目不仅涉及文献学著作内容，还涉及该文献学著作编纂者的基本情况。

八、本书遵循学术著作出版规范。首次出现的人名、地名等专有名词，以及专业术语、基本概念、关键词语等，均在其中文名后加括号附英文。全书统一译法，如有不同译法，则注明“又译某某”。

九、本书英文姓名翻译主要参照李学军主编的《英语姓名译名手册》（商务印书馆 2018 年第 5 版）。地名翻译主要参照周定国主编的《世界地名翻译大辞典》（中国对外翻译出版公司 2007 年版）。其他专有名词术语则以学界公认或常用译法为准。

十、本书所收录的英国经济社会史文献学及相关著作均为英文，总计 123 部，重点介绍了其中的 107 部。在这 100 余部文献学及相关著作中，有 35 部在国内各图书馆均未见有收藏，是本书编写者自费直接从国外购得，在此与国内学习研究者分享，以期推动我国的英国经济社会史研究。

十一、为了便于读者查找利用，本书每个条目均给出了有关著作的馆藏地址或网址，同时在书后专设英国经济社会史文献学主要著作目录和中英文名词术语对照表等，供读者进一步学习研究之用。

十二、本书编写者以从事英国经济社会史研究的中青年学者为主。编写者简介与任务分工附后，按姓氏笔画由少到多升序排列。

编写者简介与任务分工

（以姓氏笔画为序）

毕彦平，天津师范大学欧洲文明研究院博士研究生。撰写：英国历史统计资料指南，英国经济社会史文献指南，英国农业史文献指南（农村部分），中世纪晚期近代早期英国农书指南，英国失业救济历史文献指南，英国工商企业史文献指南，英国铁路史文献指南，英国注册会计师历史文献指南，英国图书贸易史文献指南，议会、发明与专利文献指南，英国东印度公司历史文献指南，英国工人运动历史文献指南，剑桥与威尔士历史文献学会会刊（威尔士部分），英国国家历史文献期刊，五大基本外文数据库指南（经济史全文数据库）等。

李新宽，历史学博士，上海师范大学世界史系教授、博士生导师。撰写：英国度量衡史辞典指南、英国婚姻家庭史档案文献指南（婚姻部分）、英国人口统计史文献指南、英国医学史与医疗社会史文献指南、英国酒精饮料史文献指南、英国兽医史文献指南、英国药学与制药史文献指南（制药史部分）、英国律师公会史文献指南、英国新闻出版史文献指南等。

张乃和，历史学博士，天津师范大学欧洲文明研究院暨历史文化学院教授、博士生导师。撰写：凡例、全书导读、英国历史文献的查阅与利用、英语手稿术语辞典指南、年代学工具书指南、后记等，并负责全书的编排、统稿、校对和定稿等工作。

姚海宁，天津师范大学欧洲文明研究院博士研究生。撰写：英国公共档案局文献指南，英国图书史文献指南，英国婚姻家庭史档案文献指南（家庭部分），英国家谱学文献指南，英国纹章学文献指南，英国出生、死亡和遗嘱历史档案指南，英国农具史文献指南，英国道路交通史文献指南，英国医学史与医疗社会史文献指南（传记部分），五大基本外文数据库指南（三大断代数据库），英国历史在线网站，英国国家档案馆网站等。

郭军伟，历史学博士，吉林大学世界史系讲师。撰写：英国官方历史文献学指南、英国历史文献学丛书指南（年度文献报告、国际历史科学文献部分）、英国疾病史文献指南、英国药学与制药史文献指南（药学史部分）、剑桥与威尔士历史文献学会会刊（剑桥部分）等。

袁跃华，天津师范大学欧洲文明研究院博士研究生。撰写：英语词源学工具书指南、英国传记学参考书指南、英国议会制定法编年指南、英国历史文献学丛书指南（剑桥大学和牛津大学丛书部分）、英国女性史文献指南、英国圈地运动与土地产权文献指南、英国农业史文献指南（农业部分）、英国银行保险业历史文献指南、英国城市与地方郡史文献指南、英国公司史档案文献指南、英国教育史文献指南、英国合作社历史文献指南、英国历史文献学会会刊、五大基本外文数据库指南（法律史全文数据库部分）等。

全书导读

文献与理论犹如车之两轮、鸟之双翼，是学习研究历史之根本。其中，历史文献尤其是原始的历史文献，在学习研究历史过程中不可或缺。历史文献学早已被视为学习研究历史的“核心技术”。在当今大数据时代，历史文献学就显得更加重要了。面对海量的数据库资源，如何捕捉有效信息？只有历史文献学著作才便于我们按图索骥。

然而，令人遗憾的是，与中国历史文献学相比，我们还没有建立起相应的外国史或世界史文献学体系。无论是通史的、断代的、专题的，还是国别的、区域的、整体的历史文献学，均有待建设。因此，本书编写者不揣浅陋，甘为我国世界史学科添砖加瓦，义无反顾地开展了英国历史文献学的探路工作。

这本指南针对英国经济社会史文献学著作进行述评和导读，旨在为英国经济社会史学习研究者提供相关文献学基础知识和基本技能。这不仅有助于树立坚实的历史文献意识，而且有助于避免今后在学习研究过程中重复选题和重复劳动，从而推动实现原创性、引领性基础研究的重大突破。在此基础上，我们有理由期待逐步建立起中国学者的英国历史文献学或英国经济社会史文献学。

本书的突出特点在于其原创性。外国历史文献学至今仍是中国的历史学界一大短板，国内尚未见出版过有关英国经济社会史文献学方面的论著。因此，本书将是一个补白性的尝试。这将有助于实现前瞻性基础研究、引领性原创成果的重大突破，从而推动我国世界史学科的学科体系、学术体系、话语体系建设。这不仅符合加快建设创新型国家的精神，而且也符合国家加强原创出版、打造原创品牌的出版要求。

其次，本书另一个特点在于其扩展性。在学术研究的基础上，本书将进一步推动建设英国经济社会史数据库和出版产品线，进一步出版纵向和横向延伸的断代、专题等相关成果。这不仅为中国的学习研究者奠定文献学基础，而且还将为英国历史文化爱好者提供精神食粮，为中英两国之间的文明交流互鉴，提供智慧平台。

再次，实用性是本书的第三个特点。针对英国经济社会史研究而言，本书将为诸多学术问题的研究，提供切实有效的原始文献和后人研究性文献的查找、解读和利用途径。不仅如此，历史文献学还是理解现实和把握未来的坐标。例如，1278 年爱德华一世时期制定的《格洛斯特法》，1863 年才得以废除，1991 年却又在英王的曼恩岛恢复，至今仍然有效，影响深远。

最后，前沿性也是本书的一个重要特点。英国经济社会史文献学一直是国际学术界关注的热点之一，也是当前国内英国经济社会史学科建设、学术发展和话语体系构建的重要着力点。本书所囊括的有关著作以新近的研究成果为主，同时也不忽视那些经典性文献学著作，力争做到立足经典、把握前沿。

本书主要内容包括以下三大部分。

第一部分即第一编，是有关英国经济社会史文献学的一般著作述评和导读。这类著作主要包括：以核心术语、年代学、语言历史学、度量衡史等为主要内容的基本工具书；以一般英国历史文献学理论方法为主要内容的经典性研究著作；以一般英国历史文献学主题为主要内容的英国历史文献学丛书；以英国经济社会史一般文献研究为主要内容的英国经济社会史文献学著作等。

第二部分即第二编，是有关英国经济社会史文献学专题著作的述评和导读。这类著作主要包括：婚姻、家庭与人口专题；土地产权、“三农”与城乡关系专题；疾病、医学与社会救助专题；城市工商业、市场与国家专题；法人、社会组织与社会治理专题等，共计五大专题。这五大专题是本书编写者的独创，蕴含了中国学者的问题意识，与国际学术界的繁琐分类有所不同。

第三部分是附录。这部分的主要内容是针对英国一般历史文献学的学术期刊进行述评和导读，同时兼顾到数据库和网站。这部分还将针对 Gale Scholar 以及其他主要国际数据库公司的产品进行述评和导读。其中，三大断代数据库（早期英语图书在线、18 世纪藏书在线、19 世纪藏书在线）和两大专题数据库（法律史全文数据库、经济史全文数据库）是重点。最后是中外文名词术语对照表，尝试初步收集和统一英国经济社会史文献学的专有名词、专业术语、基本概念、关键词汇等。这将为建立中国人的英国经济社会史话语体系奠定基础。

英国经济社会史不仅为我们理解现代工业文明起源提供了典型案例，而且还为我们坚持唯物史观提供了生动的历史经验。马克思正是通过研究英国经济史和经济状况，才写出了经典巨著《资本论》，证明了唯物史观的科学性。恩格斯在 1886 年为《资本论》英译版所作的序言中说，“毫无疑问，在这样的时刻，应当倾听这样一个人的声音，这个人的全部理论是他毕生研究英国的经济史和经济状况的结果”[①]。列宁也指出：“自从《资本论》问世以来，唯物主义历史观已经不是假设，而是科学地证明了的原理。”[②] 因此，以中国人的眼光开展英国经济社会史研究，具有特殊的理论意义。

① 《资本论》第 1 卷，北京：人民出版社 2018 年版，第 35 页。

② 《列宁选集》第 1 卷，北京：人民出版社 2012 年版，第 10 页。

英国历史文献的查阅与利用

一般而言，历史文献是指文字史料。英国历史文献浩如烟海，如何查阅与利用这些文献，需要我们具备系统的历史文献学知识和熟练的历史文献学技能。

随着 19 世纪末历史学的职业化、科学化，历史文献学也获得了发展。有关英国历史文献学成果主要有三类：第一类是以道格拉斯为代表的英国历史文献汇编。[①] 这是首部大型英国历史文献汇编，收集了从公元 500 年到 1914 年间英国历史上的各种文献资料，至今仍然是研究英国史的基础。道格拉斯总主编的英国历史文献汇编是当时的集大成者。此前，很多断代专题文献汇编均已得到整理出版。例如，涉及英国都铎王朝时期的文献汇编就有许多种。[②] 第二类是以查尔斯·格罗斯为代表的英国历史文献编目。

---

① 参见 David C. Douglas general editor, *English Historical Documents*, 10 vols., London: Eyre and Spottiswoode, 1955-1977。值得注意的是，这套文献汇编最初设计为 12 卷，但直到 1999 年道格拉斯去世仍有两卷未完成。其中，1558—1603 年卷 2011 年出版，1603—1660 年卷 2010 年出版。参见 Ian W. Archer and F. Douglas Price eds., *English Historical Documents, 1603-1660*, London and New York: Routledge, 2011; Barry Coward and Peter Gaunt eds., *English Historical Documents, 1603-1660*, London and New York: Routledge, 2010。

② 参见 R. H. Tawney and Eileen Power eds., *Tudor Economic Documents*, 3 vols., London and New York: Longmans, Green and Co., 1924; J. R. Tanner ed., *Tudor Constitutional Documents A. D. 1485-1603*, 1st edition, Cambridge: At the University Press, 1922; G. R. Elton ed., *The Tudor Constitution Documents and Commentary*, 1st edition, Cambridge: Cambridge University Press, 1960; Paul L. Hughes and James F. Larkin eds., *Tudor Royal Proclamations*, 3 vols., New Heaven and London: Yale University Press, 1969。

1897年格罗斯出版了第一部英国城市史专题历史文献编目，1900年格罗斯整理出版了英国第一部内容完整、学术性强、分类合理的英国中世纪文献编目。[①]在此基础上，由美国历史学会与英国皇家历史学会共同支持编纂的系列英国史文献编目相继出版。目录学是历史文献学的基本内容，英国历史文献编目的编纂出版，是英国历史文献学的重大进步。第三类是以胡伯特·霍尔为代表的历史文献学理论方法的确立。1908年霍尔的《英国官方历史文献研究》《英国官方历史文献样式汇编》等相继出版，[②]首次系统地探讨了英国官方历史文献的分类与演变、各种历史文献的书面形式以及解读历史档案的古文字学知识等，至今仍具有重要学术价值。

20世纪末以来，国际学术界开始了“数字化革命”，许多机构致力于把以往纸面期刊、杂志、报纸以及原始档案、著作等历史文献，进行数字化处理，从而建立了若干数据库，提供PDF格式的全文检索、浏览、阅读和下载服务，国际学术信息资料的交流和利用率由此开始加速。无疑这将在学术界引起一场文献学革命。“但是，有一些学术工作者不甚了解传统的历史资料整理及其成果的重要性，在数字化的‘茫茫大海’中，并未建立起来扎实的、系统的历史资料整理的理念和能力，而使自己的研究工作基本上处于从搜索资料到连缀成文的状态，这就缺少了一个从认识历史资料到认识历史的艰苦过程”[③]。为了加深对历史文献重要性的认识，提高历

---

① 参见 Charles Gross, *A Bibliography of British Municipal History*, London: Longmans, Green & Co., 1897; Charles Gross, *The Sources and Literature of English History*, 2nd edition, London: Longmans, Green & Co., 1915。

② 参见 Hubert Hall, *Studies in English Official Historical Documents*, Cambridge: At the University Press, 1908; Hubert Hall, *A Formula Book of English Official Historical Documents*, 2 vols., Cambridge: At the University Press, 1908。

③ 瞿林东：《历史资料的整理、研究与学术水平的提升》，载教育部社会科学委员会历史学学部编：《史学调查与探索》，北京：北京师范大学出版社2015年版，第36—37页。

史文献的整理和利用能力，有必要理解和把握英国历史文献的搜集与利用的一些常识。在这里，主要介绍英国历史文献的界定与分类、文献的收藏及管理机构、解读与利用这些文献的基本知识等方面的内容。

一　英国历史文献的界定与分类

历史文献一般划分为一手文献（又称“一手资料”，primary sources）与二手文献（又称“二手资料”，secondary sources）两大类。一手文献又称原始文献，二手文献又称研究性文献。关于二手文献，人们的认识则是比较清楚的。一般而言，二手文献包括研究性著作、期刊论文、工具书、文献编目索引等。

然而，关于一手文献（原始文献），人们的认识则经历了不同的发展变化阶段。20 世纪英国学术界的传统是，把原始文献划分为档案（archives）与原始资料汇编（printed collection of sources）。[①] 当时人们认为，档案主要是那些保存在档案馆的、尚未整理出版的手稿或公文等，而原始资料汇编则是经过后人对档案进行整理和释读之后印行的版本。尽管以上两者都属于原始文献，但印行的原始资料汇编不被视为档案。

然而，进入 21 世纪后，英国学术界的看法发生了较大变化。“严格而言，档案是机构或个人在日常生活中为维持其正常运转而产生的文件，由此提供了历史记录。然而，如今这一术语被更宽泛地用以指任何不同介质

① 参见 Charles Gross, *The Sources and Literature of English History*, 2nd edition, London: Longmans, Green & Co., 1915; Edgar B. Graves ed., *A Bibliography of English History*, Oxford: The Clarendon Press, 1975。

及格式的原始文献资料（这里包括文件、照片、音视频电子记录甚至还包括印刷品）。此外，它还被用以指称容纳档案的实际地点。尽管本书名为《不列颠档案》，我们却是采用了广义的概念，包括了‘人工的’原始资料汇编”[①]。可见，“档案”一词有三层含义：第一层含义是指传统的档案，这是狭义的用法；第二层是指任何形式的原始文献资料，这是广义的用法；第三层含义则是指档案馆，这是转义的用法。

因此，从广义上说，当今英国学术界不再区分档案与原始资料汇编，凡是原始文献均可视为档案。这也是本书所采用的概念。

我们在这里探讨英国历史文献的界定与分类时，主要集中于一手原始文献。从其形成的主体来看，英国历史上的原始文献可以划分为官府文书与私家记载。[②] 在这里，官府文书是在宽泛意义上的公务活动中形成的档案文献，私家记载则是私人生活中形成的档案文献。但是，从其所有权来看，英国历史上的原始文献又可以划分为公共文献与私有文献。这里的公共文献是指所有权归公共机构或国家的文献，而私有文献则是指所有权归个体自然人或社会团体的文献。然而，在现实中，档案文献的所有权并不总是很清晰的。例如，温斯顿・丘吉尔爵士曾拒绝把保存在他查特维尔老家里的大量档案转交给国家，因为他坚持认为，那些档案是他私人所有的。在他故去后，其中的一大部分档案是在 1995 年由英国国家彩票筹款收购，这些档案归国家所有，并被保存在剑桥大学的丘吉尔学院。[③] 尽管原始文献的分类多种多样，其历史文化价值也难分高下，在具体的历史研

① Janet Foster and Julia Sheppard eds., *British Archives: A Guide to Archive Resources in the United Kingdom*, 4th edition, New York: Palgrave Publishers Ltd., 2002, “Introduction” , p. IX.

② 参见齐世荣：《史料五讲》，北京：首都师范大学出版社 2011 年版，第 2 页。

③ Peter Beal, *A Dictionary of English Manuscript Terminology, 1450-2000*, Oxford: Oxford University Press, 2008, p. 397.

究中需要相互补充、相互印证，但是我们关注、搜集和利用最多的原始文献，仍是官府文书或公共文献，也就是英国官方文献。

一般而言，英国官方文献可以划分为三大类：法庭诉讼记录（records）、国务文件（state papers）、政府部门记录（departmental records）。①

第一类英国官方文献是法庭诉讼记录，又称卷宗或卷档（rolls），是指法庭处理案件过程中所形成的所有正式文字记录，这些记录主要包括四种②：记录法庭（courts of record）登记在羊皮纸上的最后文件（final acts）；令状文书，主要是调查与回呈（inquisitions and returns）；判例汇编（precedent books），通常是半官方编纂的判例，尽管在法庭上经常被使用，但并不归官方保存；原始特许状、令状、契据、登记簿等法律文献，这些文献往往是经由私人之手，但保存在大法官法庭或财政署法庭。

在以上四种法庭诉讼记录中，我们在英国史研究中经常使用的是判例

① Hubert Hall, *Studies in English Official Historical Documents*, Cambridge: At the University Press, 1908, Part I, pp. 53-74.

② Hubert Hall, *Studies in English Official Historical Documents*, Cambridge: At the University Press, 1908, pp. 54-59; Peter Beal, *A Dictionary of English Manuscript Terminology, 1450-2000*, Oxford: Oxford University Press, 2008, p. 338. 然而，即使在英国学术界，人们对英国官方文献的分类也有分歧。有一种观点认为，英国官方文献可以划分为四大类，即除了以上三大类之外，还包括第四类“地方记录”（local records）。这类文献是指教区与地方当局所收藏的所有文献，包括教区与地方政府的会议记录、登记记录、选举记录等，以及灰脚法庭记录、季审法庭记录等。实际上，笔者认为将这些地方记录单独列为一类有一定道理，但也可以归入法庭诉讼记录或政府部门记录中，所以本书持英国官方文献的“三分法”，而不取“四分法”。Hubert Hall, *A Repertory of British Archive, Part I, England*, London: Offices of the Society, 1920, “Introduction”, pp. XVII-XVIII; W. B. Stephens, *Sources for English Local History*, Cambridge: Cambridge University Press, 1981, pp. 77-80; John Richardson, *The Local Historian's Encyclopedia*, Herts: Historical Publications, 1986, p. 89.

汇编。从1866年起，英国官方开始正式编纂判例集，被称为《新英格兰判例集》(*New English Reports*，*NER*)。在此之前的判例汇编是由法官编纂的，被称为《旧英格兰判例集》(*Old English Reports, OER*)或简称为《英格兰判例集》(*The English Reports, ER*)。这些旧判例集是半官方的判例汇编，往往版本不一、良莠不齐、摘录不全。为了避免上述情况，在严格甄别的基础上，1900年爱丁堡的格林出版有限公司开始重印《旧英格兰判例集》。从1900年至1930年，耗时30年，共出版176卷，另有两卷分别为图解(chart)与索引(index)，分列为第177卷和第178卷。这是一项史无前例的浩大工程，仅纸张就用了约400吨，内容囊括1220年至1865年间的判例达10万宗以上。[①] 重印版判例集很快就得到最高法院的认可，并取代了以往的旧版本。

第二类英国官方文献是国务文件，是指国务大臣(secretaries of the state)在处理国务过程中所形成的所有正式文字记录。这些记录主要涉及国家事务，包括书信、令状、公文等，国王与其大臣、外交官以及其他国家统治者之间往来的书信也属于此类文献。[②] 一般而言，国务文件可以划分为三种：对内事务文件、对外事务文件和殖民地事务文件，每类国务文件都可根据国务关涉的主题内容、涉及的地区和国家、不同时段等，进行细分。[③]

从1764年开始，英王就任命了若干专员(commissioners)组成的委员会负责整理出版国务文件的摘要，但在1800年该委员会被取消，由

① Anon., "The English Reports", *The Juridical Review*, Vol. 43, No. 1 (March 1931), pp. 96-99.

② Peter Beal, *A Dictionary of English Manuscript Terminology, 1450-2000*, Oxford: Oxford University Press, 2008, p. 395.

③ Hubert Hall, *Studies in English Official Historical Documents*, Cambridge: At the University Press, 1908, p. 62.

国务文件掌管大臣（keeper of state papers）负责国务文件摘要的整理出版工作。1825年设立国务文件印刷出版委员会，1830—1852年共出版了11卷《国务文件编年纪要》（*Calendar of State Papers*）。1852年正式由卷宗总管（Master of the Rolls）负责此项工作，自此，《国务文件编年纪要》开始集中连续印行，到19世纪末共出版了160余卷。[①] 如今我们在"英国历史在线"（British History Online，BHO）可以直接阅读的《国务文件编年纪要》有200余卷。这些文献涉及的时段在1202年到1888年，但主要集中于亨利八世到1782年之间，1782年以后随着英国政府各部的分立，政府部门记录（档案）取代了国务文件。[②] 国务文件涵盖了中世纪后期到18世纪末英国内政、外交及殖民统治的方方面面，是研究英国史乃至欧洲史必不可少的文献。

第三类英国官方文献是政府部门记录，是指1782年以来现代英国政府各部门在行政过程中形成的所有文字记录。这些记录主要包括往来函件、会议记录等，一般是按照各部门的行政业务内容如内政、外交、贸易、农业、教育等来进行分类。[③]1782年以后，随着政府各部的建立，各部的记录也就与原来的国务文件分立了。1786年皇家文书局（the Stationery Office）成立，专门负责政府各部可公开记录的出版事宜。这

① S. R. Scargill-Bird, *A Guide to the Various Classes of Documents Preserved in the Public Record Office*, 3rd edition, London: Printed for His Majesty's Stationery Office, 1908, p. 353.

② Peter Beal, *A Dictionary of English Manuscript Terminology, 1450-2000*, Oxford: Oxford University Press, 2008, p. 396; Charles Johnson, *The Public Record Office*, 2nd edition, London: Society for Promoting Christian Knowledge, 1921, p. 39; S. R. Scargill-Bird, *A Guide to the Various Classes of Documents Preserved in the Public Record Office*, 3rd edition, London: Printed for His Majesty's Stationery Office, 1908, p. 366.

③ Hubert Hall, *Studies in English Official Historical Documents*, Cambridge: At the University Press, 1908, p. 72.

些可公开的政府出版物主要有政府各部的报告、统计数据等，因其封皮为蓝色而被称为“蓝皮书”（blue books）。

从广义上而言，议会文件（parliamentary papers）也是政府部门记录的组成部分。议会文件又被称为“白皮书”（white papers），这些文件包括：下院会议详录（votes and proceedings of the House of Commons），上院会议记录（minutes of the House of Lords），以及上下两院的日志（journals of both Houses）；上下两院的辩论正式报告（Official Reports of the Debates in both Houses）；议案或法案（bills）与法令（acts）等。[①] 需要指出的是，除了议会法令，即制定法（statutes）之外，英国官方的法律文献还包括国王颁布的公告（proclamations）、枢密院的法令（council acts）以及政府各部门颁布的法规（by-laws）等。

以上三大类官方文献，均为英国史研究的基本文献。除此之外，自然人或社会团体，如行会、公会、特许公司、大学、医院等，在日常生活及其所涉事务中所形成的所有文字记录，属于非官方的私家记载，也是研究英国史的重要文献。这些文献与官方文献互补、互证，共同构成了完整的英国历史文献。

二 英国历史文献的收藏与管理机构

目前，英国官方历史文献的收藏与管理机构是位于伦敦西南部邱园（Kew）的英国国家档案馆（The National Archives，TNA）。该档

① F. R. Cowell, *Brief Guide to Government Publications*, London: H. M. Stationery Office, 1938, pp. 6-7.

案馆成立于2003年4月，由原来的公共档案局（Public Record Office, PRO）和历史手稿委员会（Historical Manuscripts Commission, HMC）等合并而成，主要负责保管国家各部门的档案、搜集并传播有关英国历史的文献，直接隶属于大法官（Lord Chancellor）。[①]2003年6月12日，大法官改任新设立的宪法事务部国务大臣（Secretary of State for Constitutional Affairs），2007年5月9日，宪法事务部与内政部部分职能合并为司法部（Ministry of Justice），英国国家档案馆也从直接隶属于宪法事务部国务大臣，转而直接隶属于英国司法部大臣。[②]可见，英国官方历史文献的收藏与管理，深受重视，英国国家档案馆甚至被人认为是“帝国的保险柜”（strong box of the Empire）[③]，也是英国历史学人必去之地。

在国家档案馆成立之前，英国并没有形成全国统一的档案文献收藏和管理机构。据统计，截止到2001年10月，英国有相对独立的档案文献收藏和管理机构1231家，公共档案管理局只是其中的一家。[④]这些机构一般可以划分为四种类型[⑤]：全国性的、地方性的、国家资助的、私人资助的。全国性的机构主要有公共档案局、国家图书馆、国家博物馆和国家美术馆等，这些机构面向全国收集档案与历史文献，开放程度和利用率都比较

① 参见齐世荣：《史料五讲》，北京：首都师范大学出版社2011年版，第2页。

② *UK 2004, The Official Year Book of the United Kingdom of Great Britain and Northern Ireland,* London: TSO, 2003, p. 47; *Ministry of Justice Departmental Report 2007/ 08*, London: TSO, 2008, p. 8, p.18.

③ Paul Rock, “A Brief History of Record Management at the national Archives”, *Legal Information Management*, Vol. 16, Issue 02, 2016, p. 60.

④ Janet Foster and Julia Sheppard, *British Archives*, 4th edition, New York: Palgrave, 2002, p. 606.

⑤ L. J. Butler and Anthony Gorst eds., *Modern British History: A Guide to Study and Research*, London and New York: I. B. Tauris Publishers, 1997, pp. 49-50.

高；地方性的机构则以收藏和管理地方当局文献为主，其收藏和管理的文献局限于特定地域；国家资助的机构主要是大学和科研院所，这些机构收藏的档案文献专业性较强；私人资助的机构从个体公司、慈善机构到非营利组织和历史保护民居等多种多样，不但其文献专业性较强，而且其文献收藏和管理活动的独立性也比较强。以上四种类型的档案文献收藏和管理机构，在收藏、管理和利用的方式上也各有不同，其中公共档案局体系比较典型，这也是我们关注的重点。

从总体上看，在国家档案馆成立之前，英国官方历史文献的收藏与管理机构的变迁经历了三个历史阶段：1578 年以前的分散阶段、1578 年至 1838 年间向集中过渡阶段、1838 年至 2003 年的公共档案局阶段。

在 1578 年以前，英国所有官方历史文献均由国王、大臣及各级官员或封臣本人自己收藏和管理。这些文献主要涉及国王的特权和臣民的权利，因此备受权利相关人的重视。① 当时不存在、也不需要国家统一的收藏和管理机构。即使是以国王为中心的中央政府各部门及高级记录法庭的文献，也是分别由各部门及各法庭收藏和保管，这些文献存放的地点也比较分散。据记载，早期的官方文献都是随着国王巡游而不断搬迁，并没有固定地点，后来这些文献逐渐相对固定地被存放在西敏寺修士会礼堂（Chapter House）、伦敦塔 (Tower of London) 和卷档室 (Chapel of Rolls)。② 但是，随着中世纪晚期和近代早期中央集权的新君主制的兴起，英国官方历史文献的收藏和管理也日益集中。

① Percy H. Winfield, *The Chief Sources of English Legal History*, Cambridge: Harvard University Press, 1925, p. 104.

② Alex. Charles Ewald, *Our Public Records: A Brief Handbook to the National Archives*, London: Basil Montague Pikering, 1873, pp. 2-3.

到了英国都铎王朝时期，为了便于查阅以往相关文件，亨利八世统治时期就开始了国务文件的收藏和整理工作，伊丽莎白一世则正式任命了“国务文件书记官”（Clerk of the Papers of State），这被认为是国务文件局（State Paper Office）正式设立的标志。① 国务文件局的设立，不仅是中世纪晚期和近代早期英国国家形态变革的重要体现之一，而且是从国家整体层面开始思考和处理官方文献的开端。此后，英国历代国王都很重视官方文献的收藏和管理。1703 年议会开始正式介入此项工作。②1838 年，议会通过了全国统一的《公共档案局法》（*Public Record Office Act*）。

1838 年的《公共档案局法》明确规定，卷宗总管及其公共档案局负责国家官方现实与历史上的公共档案，这标志着英国官方文献的收藏与管理初步实现了集中和统一。当时公共档案局所收藏和管理的官方文献主要限于法庭诉讼记录，19 世纪中后期各个政府部门的记录也归其收藏和管理，英国的档案文献收藏和管理机构日益专业化，相关机构和法律及规章制度也不断完善。1854 年国务文件局被合并到公共档案局，英国官方文献的收藏和管理更加集中。此后，相继成立了专门的委员会调查研究相关制度的改革问题，直到 1958 年《公共档案法》（*Public Records Act*）正式颁布，确立了一系列新的相关制度安排，其中明确规定了档案开放的 50 年原则，即一般情况下，档案封闭保存 50 年之后即可开放；公共档案管理职责由

---

① F. S. Thomas, *Notes of Materials for the History of Public Departments*, London: W. Clowes and Sons, 1846, p. 41; F. S. Thomas, *A History of the State Paper Office*, London: John Petheram, 1849, p. 5; Peter Beal, *A Dictionary of English Manuscript Terminology, 1450-2000*, Oxford: Oxford University Press, 2008, p. 395; Galen Broeker, “Jared Sparks, Robert Peel and the State Paper Office”, *American Quarterly*, Vol. 13, No. 2, Part 1 (Summer 1961), p. 141.

② F. S. Thomas, *Hand-Book to the Public Records*, London: Printed by George E. Eyre and William Spottiswoode, 1853, “Introduction”, p. XIX.

原来的卷宗总管转到了大法官手中，提高了这一机构的地位。[①]

然而，公共档案局只是负责收藏和管理中央法庭及政府部门记录，历史上遗留在个人手中的公共档案仍然难以集中，而且大量地方法庭诉讼记录以及地方部门记录的收藏和管理也各自为政。为了改变这种局面，推动公共档案的保管和利用，1859 年 60 位贵族及学者等相关人士联名向首相请愿，呼吁成立专门的委员会调查这些公共档案的状况。经过较长时间酝酿，1869 年英国正式成立了由卷宗总管任主席的皇家历史手稿委员会。[②] 历史手稿委员会还关注私家记载文献的收集、保管和利用。

从总体上看，公共档案局与历史手稿委员会，相互补充，共同推动了英国官方历史文献收藏和管理的发展。有学者认为，19 世纪英国公共档案局及历史手稿委员会的设立，使官方档案及历史文献的收藏和管理走上了专业化道路，是英国史学现代化的重要组成部分。[③] 的确，19 世纪正是现代史学兴起时期，人们往往把英国现代史学的兴起与大学设立史学专职教席以及培养史学专业人才联系起来，而忽视了英国公共档案局以及历史手稿委员会对现代史学兴起的重要作用。另外，英国公共档案局以及历史手

---

① Public Records Act 1958, ss 1 (1) and 5 (1). 值得注意的是，1967 年的《公共档案法》与 2010 年的《宪法改革与治理法》先后把档案开放年限降至 30 年和 20 年。参见 Public Records Act 1967, s 1; Constitutional Reformation and Governance Act 2010, s 46 (2) 等相关内容。20 世纪末 21 世纪初英国在法律文件中才明确区分了“档案”（records）与“历史档案”（historical records），即只有开放之后的档案，才被称为历史档案。这有助于我们理解“文献”与“历史文献”之间的区别。Freedom of Information Act 2000, s 62 (1).

② Jessie E. Beckham, “The British Historical Manuscripts Commission”, *The American Archivist*, Vol. 7, No. 1(Jan. 1944), pp. 41-42; Joan Wake, “The Materials of History”, *The American Archivist*, Vol. 11, No. 1(Jan. 1948), p. 20.

③ Philippa Levine, “History in the Archives: The Public Record Office and Its Staff, 1838-1886”, *The English Historical Review*, Vol. 101, No. 398 (Jan. 1986), pp. 40-41.

稿委员会对现代文献学、档案学、文书学等史学相关学科的形成和发展，也起到了不容忽视的作用。

三　英国历史文献解读与利用的基础知识

当前，尽管学界在英国历史文献的整理、出版以及数字化工作中已经取得了长足的进展，我们可利用的历史文献资源已经大量增加，当今的历史研究已经进入了大数据时代。但是，如何准确、充分地利用这些文献，仍然是一个很大的问题，甚至可以说这关乎我国世界史学科的专业化发展的方向和道路。历史文献的解读与利用，是从事史学研究工作的基本功，需要专门的训练。正如英国史学家弗尔斯曾经指出的那样，“专门的史学研究训练”是指当时在法国、德国大学中给未来史学工作者所提供的“技能训练”，包括“研究的方法、原始文献的利用、辅助学科”等。[①] 读书必先识字。古文字学被认为是一切历史研究的基础，这是因为人们首先需要能够阅读并理解这些文献，并能够通过古文字学知识来判断和纠正已经刊行的历史文献的版本以及内容的讹误。[②] 此外，年代学以及数字用法等方

---

① C. H. Firth, *A Plea for the Historical Teaching of History*, 2nd edition, Oxford: At the University Press, 1905, “Preface”, p. 5. 弗尔斯专治 17 世纪英国史，视历史研究为生命，终生笔耕不辍。他被认为是牛津大学首位试图把史学转变为专业学习的钦定教授，与 T. F. 陶特等人一道共同开辟了 20 世纪英国史学专业化发展之路。F. M. Powicke, *Modern Historians and Study of the History*, London: Odhams Press Limited, 1955, pp. 150-151; Reba Soffer, “Nation, Duty, Character and Confidence: History at Oxford, 1850-1914”, *The Historical Journal*, Vol. 30, Issue 01 (March 1987), pp. 94-95.

② C. H. Firth, *A Plea for the Historical Teaching of History*, 2nd edition, Oxford: At the University Press, 1905, p. 16; C. Trice Martin, “Introduction”, E. E. Thoyts, *How to Decipher and Study Old Documents*, London: Elliot Stock, 62, Paternoster Row, 1893, p. VI .

面的基础知识也很重要。

关于古文字学，其重要性如今已被国内外学者所公认。实际上，早在现代史学兴起时期，人们就认识到了它的重要性。英国牛津大学钦定教授弗里曼（Edward Augustus Freeman，1823—1892）曾因不懂古文字学而受到诟病。[①]另外，我们经常会碰到的一个英语典故，也许能够帮助我们理解古文字学的重要性。这个典故可以称为“玛姆与萨姆之争”（mumpsimus and sumpsimus）[②]：16 世纪初尼德兰人文主义者伊拉斯谟在给一位英国朋友的信中讲了一个故事。这个故事说，一位神父在主持弥撒时，由于不识拉丁文，几十年来一直把“sumpsimus”误读为“mumpsimus”。当有人指出他这一错误时，他竟然振振有词地回答：“我是不会把原来的 mumpsimus 改成你们的新 sumpsimus 的。”伊拉斯谟本意是借此讽刺“旧学”，提倡“新学”，随后这位神父被演绎为守旧的英国人，“mumpsimus”一词也成为顽固守旧、固执己见、无知而坚信的代名词，而“sumpsimus”则成了其反义词。这个故事的寓意和中国古代的姜从树生的寓言故事类似。

这个典故曾被英王亨利八世在 1545 年的议会演说中引用。他在演说中批评宗教界缺乏宽容与理智时说：“一些人过于迂腐地坚守他们的玛姆，

---

① C. Trice Martin, “Introduction” , E. E. Thoyts, *How to Decipher and Study Old Documents*, London: Elliot Stock, 62, Paternoster Row, 1893, p. VI .

② Walter W. Skeat, *A Glossary of Tudor and Stuart Words*, Oxford: At the Clarendon Press, 1914, p. 260; P. C. Doherty, “ A Quodlibet, A Mumpsimus, and the Rule of Infield Flies: The Unfinished Business of Term Limits in Florida” , *Nova Law Review*, Vol. 18 (1994), p. 957, note 142; Peter Marshall, “Mumpsimus and Sumpsimus: The Intellectual Origins of a Henrican Bon Mot” , *The Journal of Ecclesiastical History*. Vol. 52, issue 03 (July 2001), pp. 512-520; Dana T. Marsh, “Sacred Polyphony ‘Not Understandid’: Medieval Exegesis, Ritual Tradition and Henry VIII’s Reformation” , *Early Music History*, Vol. 29 (2010), p. 48.

而另一些人则忙忙碌碌地醉心于他们的萨姆。这样一来，人多语乱，几乎没有人真心实意地宣讲神的话语，而宣讲神的话语才是他们应当去做的。”① 此后，“玛姆”一词就在上层社会群体中流行开来。亨利八世这段话不但表明了他在宗教改革上走中间道路的意图，而且为古文字学的重要性提供了注脚。

古文字学，英文为 paleography, 源自希腊语 palaiograph (ancient writing)，是指研究笔迹及文字演变的学问，主要任务是描述和分析古代手稿、解读其内容、确定其作者以及形成时间等。② 可见，这里的古文字学包含笔迹学和文字学，但又与现代笔迹学（graphology）有所不同。在英国史研究中，古文字学不仅涉及中世纪及近代早期英语，还涉及古盎格鲁-撒克逊语、中世纪拉丁语和法语等。我们关注的主要是中世纪及近代早期英语。从笔迹上看，英语字体有古盎格鲁-撒克逊小写体（Square Anglo-Saxon Minuscule）、加洛林小写体（Caroline Miniscule）、哥特体（Gothic）、都铎秘书体（Tudor Secretary）、意大利体（Italic）、圆体（Round Hand）、混合体（Mixed Hand）、安瑟尔体（Uncial）等多种，其中，最为常用的是意大利体与圆体。③ 在近代早期英国历史文献中，我们经常会碰到以上不同的字体。

从字母的演变来看，近代早期牛津大学民法学博士库特（Charles Coote，1761—1835）曾经编纂了一部《英语语法基础》，其中较为清晰

① C. H. Williams ed., *English Historical Documents, 1485-1558*, London: Eyre and Spottiswoode, 1967, p. 604.

② John Campbell-Kease, *Companion to Local History Research*, London: Alpha Books Ltd., 1989, p. 290; Peter Beal, *A Dictionary of English Manuscript Terminology, 1450-2000*, Oxford: Oxford University Press, 2008, p. 279.

③ John Richardson, *The Local Historian's Encyclopedia*, 2nd edition, Herts: Historical Publications Ltd., 1986, pp. 104-106.

地梳理了英语字母的演变。在中世纪晚期和近代早期，i 与 j、u 与 v 一直是两对通用字母。[①] 这是在阅读近代早期英国历史文献时需要注意的地方。目前，对于中国人而言，有两本书可以作为古文字学的入门，这两本书分别是李赋宁编著的《英语史》（商务印书馆 1991 年版）和弗里伯恩（Dennis Freeborn）编著的《英语史——从古代到标准英语》（上海外语教育出版社 2009 年英文原版）。另外，剑桥大学网站开设的网上公开课"英语书写在线，1500—1700"，英国国家档案馆网站开设的网上辅导课程"古文字学：阅读古英语，1500—1800"，均可作为入门课程。[②]

关于年代学，英文为 Chronology，主要涉及纪年方法与历法等内容。

在纪年方法上，除了 7—10 世纪拜占庭的亚历山大纪年和拜占庭纪年，以及 5 至 15 世纪初的西班牙纪年之外，在古罗马后期和中世纪早期流行于欧洲的纪年方法主要有四种[③]：

1. 执政官纪年，即以执政官名字命名其统治年，尽管最后一位执政官在公元 6 世纪去世，但此种纪年方法一直延续到中世纪早期，东罗马皇帝查士丁尼二世（565—578 年）还重建了这种纪年方法。

2. 十五年周期纪年，即按照罗马历法，从公元 312 年开始，每十五年一个周期。

3. 王位纪年，即以国王或皇帝即位当年为开端，始于公元 537 年查士丁尼一世统治时期（527—565 年），随后被中世纪欧洲诸国统治者及罗

---

① John Campbell-Kease, *Companion to Local History Research*, London: Alpha Books Ltd., 1989, p. 297.

② 参见这两门课程的网址：https://www.english.cam.ac.uk/ceres/ehoc/index.html，2020 年 7 月 14 日；https://www.nationalarchives.gov.uk/palaeography/，2020 年 7 月 14 日。

③ Joseph R. Strayer editor in chief, *Dictionary of the Middle Ages*, Vol. 3, New York: Charles Scribner's Sons, 1983, p. 18. 参见刘城：《古代罗马文明与中世纪西欧的纪年》，《光明日报》2015 年 11 月 28 日，第 11 版。

马教皇采用。

4. 戴克里先纪年，以戴克里先即位罗马皇帝的公元 284 年 8 月 29 日为开端。

基督纪年始于公元 6 世纪上半叶，并逐渐在欧洲流行开来。[①] 公元 525 年，罗马僧侣谦卑者狄奥尼西乌斯首次以基督诞生作为公元 1 年，并依此编制了复活节表。公元 664 年，惠特比宗教会议确定，接受了谦卑者狄奥尼西乌斯编制的复活节表，基督纪年方法由此被引进英国。到了 8 世纪，英国僧侣比德编纂的《英吉利教会史》就采用了基督纪年。几乎与此同时，法国在 8 世纪、德意志地区在 9 世纪也开始有人在私人文件中采用这一纪年方法。到了 10 世纪，基督纪年在教皇的文献中也开始使用，但直到 15 世纪才被教皇确定为正式的纪年方法。

英国古代和中世纪早期的纪年方法是戴克里先纪年。[②] 在 7 世纪以后基督纪年方法得以引进。8 世纪上半叶英国也开始使用王位纪年方法，但由于此时英国处于七国时代（Heptarchy），王位纪年方法一度造成很大混乱。从 12 世纪后期开始，英国官方的历史文献均采用了王位纪年与基督纪年相结合的方法，具体形式是王位纪年在前、基督纪年在后。[③] 其他纪年方法如十五年周期纪年方法最迟至 16 世纪也都被弃用了。[④] 因此，我们

① Joseph R. Strayer editor in chief, *Dictionary of the Middle Ages*, Vol. 3, New York: Charles Scribner's Sons, 1983, pp. 18-19.

② C. R. Cheney ed., *Handbook of Dates for Students of English History*, London: Offices of the Royal Historical Society, 1978, p. 1; Joseph R. Strayer editor in chief, *Dictionary of the Middle Ages*, Vol. 3, New York: Charles Scribner's Sons, 1983, p. 18.

③ C. R. Cheney ed., *Handbook of Dates for Students of English History*, London: Offices of the Royal Historical Society, 1978, pp. 1-2; John Campbell-Kease, *Companion to Local History Research*, London: Alpha Books Ltd., 1989, p. 318.

④ John Campbell-Kease, *Companion to Local History Research*, London: Alpha Books Ltd., 1989, p. 323.

看到的近代早期英国官方历史文献，在纪年上主要是采用王位纪年与基督纪年两种方法。

在历法上，1582 年罗马教皇推行的历法改革（calendar reform）值得关注。在这次历法改革之前，欧洲通行历法是儒略历（the Julian Calendar），又称旧历（the Old Style），它是罗马将军及独裁官儒略·凯撒在公元前 45 年实行历法改革后所颁布的历法。儒略历一年为 365 又 1/4 天，与地球绕太阳公转周期相比少了 11 分 14 秒。[①] 公元 325 年基督教第一次公会议上，儒略历被确定为基督教会的历法。随着欧洲的基督教化，这一历法也随之为欧洲包括俄罗斯等国所接受。

儒略历比地球公转周期时间实际少一些，这一缺陷并不为当时的人们所知晓，但随着岁月的流逝，时间的误差就逐渐显现出来。到了 1500 年，这种误差已经累计达 10 天之多，正常的春分点不是 3 月 21 日了，而是 3 月 11 日，复活节节期起点的计算上（春分月圆后的第一个周日）也推后了一个月。[②] 这种时间上和季节上的实际误差，成为罗马教皇进行历法改革的直接动因。1582 年 3 月 1 日，罗马教皇格里高利十三世（Gregory XIII, r. 1572–1585）正式颁布了新历法，被称为格里高利历（the Gregorian Calendar），又称新历（the New Style）。新历规定，从 1582 年 10 月 4 日之后为 10 月 15 日，直接从当年的 10 月份减少 10 天，目的是使日期与实际季节一致；一年的第一天为 1 月 1 日，而不再是 3 月 25 日；闰年的

① C. R. Cheney ed., *Handbook of Dates for Students of English History*, London: Offices of the Royal Historical Society, 1978, p. 1; John J. Butt, *The Greenwood Dictionary of World History*, Westport and London: Greenwood Press, 2006, p. 62, p. 180; Peter Beal, *A Dictionary of English Manuscript Terminology, 1450-2000*, Oxford: Oxford University Press, 2008, p. 106.

② Jonathan Dewald, editor in chief, *Europe 1450-1789: Encyclopedia of the Early Modern World*, Vol. 2, New York: Charles Scribner's Sons, 2004, p. 356.

方式也加以修正。罗马教皇颁布新历后，截止到 1585 年所有天主教国家都开始改行新历，但新教国家包括英国在内都未采用这一新历法。新教国家之所以不接受新历，主要原因是他们不承认罗马教皇的权威。天主教国家也顾忌到国内的政治矛盾，并非直接接受教皇敕令，而是通过国内法令才改行了新历。[①] 后来新旧历法之间的时间差更大了，1700 年两者相差 11 天。1751 年 3 月英国宣布正式接受新历，1752 年 9 月 2 日之后为 9 月 14 日（中间空缺 11 天），新年从 1 月 1 日始。[②] 在 1752 年之前，英国的纪年均为旧历。因此，在解读和利用 1752 年以前的英国历史文献时，应标明是旧历，或直接按照新旧历法时差转换为新历。如果忽视了这一点，在时间上就容易出现差错。

数字用法，也是解读和利用英国历史文献时必备的基础知识。据考证，源于印度的阿拉伯数字在公元 9 世纪就传入了西班牙，当时主要是在数学和天文学等学术研究领域使用，在实际生活中人们还是使用罗马数字，阿拉伯数字受到基督教徒的强烈抵制，直到 12 世纪阿拉伯数字才普及欧洲各地，从而形成了两种数字体系并存的局面。[③] 法国大革命时期明令禁止在学校和政府机关使用算盘（abacus），旧的罗马数字体系也受到

---

① Jonathan Dewald, editor in chief, *Europe 1450-1789: Encyclopedia of the Early Modern World*, Vol. 2, New York: Charles Scribner's Sons, 2004, p. 357.

② C. R. Cheney ed., *Handbook of Dates for Students of English History*, London: Offices of the Royal Historical Society, 1978, p. 11.

③ Georges Ifrah, *The Universal History of Numbers*, trans. by David Bellos, E. F. Harding, Sophie Wood, and Ian Monk, New York and Chichester: John Wiley and Sons Inc., 2000, pp. 578-579; Joseph R. Strayer editor in chief, *Dictionary of the Middle Ages*, Vol. 1, New York: Charles Scribner's Sons, 1982, pp. 392-393; Joseph R. Strayer editor in chief, *Dictionary of the Middle Ages*, Vol. 10, New York: Charles Scribner's Sons, 1988, pp. 472-473.

沉重打击，这成为阿拉伯数字体系取得全面胜利的里程碑。[①]然而，直到今天，我们仍会在外文文献中看到有人使用罗马数字。在解读和利用英国历史文献时，需要注意以下几点：首先，在罗马数字中，没有与阿拉伯数字 0 对应的表示法；其次，2000 以上或更大数的罗马数字表示法有简便的表示方式，即在罗马数字上方加一横线表示该数字的 1000 倍[②]；最后，罗马数字也有自身的历史演变过程，如在公元 8 世纪比德编写《英吉利教会史》中，罗马数字 v 往往写成 u，有时 u 还与 ii 等同，iv 则有 uu 和 iiij 等多种写法[③]，后来在罗马数字中最后一个i 往往写成j。在解读和利用近代早期英国历史文献时，几乎所有文献的卷次、前言页码、出版时间等均为罗马数字。

---

① Georges Ifrah, *The Universal History of Numbers*, trans. by David Bellos, E. F. Harding, Sophie Wood, and Ian Monk, New York and Chichester: John Wiley and Sons Inc., 2000, p. 590.

② John Richardson, *The Local Historian's Encyclopedia*, 2nd edition, Herts: Historical Publications Ltd., 1986, p. 55.

③ George Hempl, "The Misreading of Numerals, Particularly in the Old-English Version of Bede's History" , *Modern Language Notes*, Vol. 11, No. 7 (Nov. 1896), pp. 201-202.

·第一编·

一般著作

第一章　基本工具书

一　英语手稿术语辞典指南

手稿（manuscripts）是指未公开印刷出版的手写文献。

在传统意义上，人们一般把手稿文献称为原始档案文献（archives），这与后人整理和释读之后公开印刷出版的原始资料汇编（printed collection of sources）共同构成我们通常所说的原始文献。[①] 传统认为，档案主要是指那些保存在档案馆的、尚未整理出版的手稿或公文，而原始资料汇编则已是经过后人的加工了，因而不再属于档案。然而，在进入 21 世纪之后，“人工的”原始资料汇编在广义上也被理解为档案了。[②] 这样一来，档案与原始文献就成了同义词，而手稿则是其中的重要组成部分。

---

① 参见 Charles Gross, *The Sources and Literature of English History*, 2nd edition, London: Longmans, Green & Co., 1915; Edgar B. Graves ed., *A Bibliography of English History*, Oxford: At the Clarendon Press, 1975。

② Janet Foster and Julia Sheppard eds., *British Archives: A Guide to Archive Resources in the United Kingdom*, 4th edition, New York: Palgrave Publishers Ltd., 2002, “Introduction” , p. IX.

在英国经济社会史研究过程中，大量的英语手稿文献尚未得到整理和研究；即使有的已被整理出版为原始资料汇编，我们仍需要对其进行鉴别，慎重使用，尤其是在当今大数据时代，英国经济社会史文献学理论方法和实践能力迫切需要与时俱进，守正创新。因此，如何收集、整理、解读和利用英语手稿文献，可以说已成为英国经济社会史研究的核心技术。这不仅要求较强的专业素养和技能，同时还要求较高的逻辑思维水平和理论分析能力。如果手头能有一本囊括英语手稿相关术语的辞典，那么我们在面对原始文献时将会事半功倍，从而大大提高认识原始文献的效率和水平。

2008 年，彼得・比尔（Peter Beal）编纂出版的《英语手稿术语辞典》正是这样一部难得的工具书。[①]

彼得・比尔是当今英国知名的英语手稿学家、语言学家，英国学术院院士（FBA），英国古物收藏者协会会员（FSA）。他的主要研究领域是古文字学（Palaeography）、英语语言与文学等。作为高级研究员，他目前就职于伦敦大学高等研究院英语研究所。除了在这里我们将要介绍的那部工具书之外，比尔曾在 1980 年至 1993 年间主持编纂了多卷本《英国文学手稿索引》，[②] 如今该部书已成为集大成式的英语文献学著作。他从 1989 年起还创办了连续出版物《英语手稿研究，1100—1700》，[③] 每年一辑，每辑文章均围绕一个主题展开讨论，至今不断。1998 年他出版了学术专著《抄

① 参见 Peter Beal, *A Dictionary of English Manuscript Terminology 1450-2000*, Oxford: Oxford University Press, 2008。

② 参见 Peter Beal ed., *Index of English Literary Manuscripts*, 4 parts, London: Mansell Publishing Ltd., 1980-1993。

③ 参见 Peter Beal ed., *English Manuscript Studies, 1100-1700*, London: British Library, 1989。

写员礼赞：17 世纪英格兰的手稿及其创作者》，[①] 对17 世纪英国的手稿文化（manuscript culture）进行了断代专题式的深入研究。这部学术著作是比尔的代表作之一，对我们研究英国的文学史、学术文化史等均具有重要的学术价值。

比尔的《英语手稿术语辞典》，是迄今为止英语手稿学术研究领域的首部专业辞典。该辞典除了开篇的前言和书后的参考文献之外，主体部分按照字母顺序共收录了 1500 个独立条目，另有 600 个互见条目（cross-reference），总计达2100 个条目。从时间跨度上来看，这些条目涵盖了从 1450 年到 2000 年 500 余年；从主要内容上看，这些条目均涉及英语手稿学以及历史文献学相关术语。具体而言，这些条目包括各种类型的手稿文献；手稿文献的物理特征、本质内容和实际功能；书写工具，诸如笔、墨、纸张等；书写平台，诸如桌椅、书写盒子等；手稿文献的书写者、抄写者、公证者、保管者等；手稿文献的字体、印章、笔迹以及书法艺术等；手稿文献的邮寄、传播、编辑、印刷和出版等。此外，该辞典还收录了有关文献学（bibliography）、古文字学（palaeography）、年代学（chronology）、纹章学（heraldry）、家谱学（genealogy）等方面的术语。因此，该辞典并非局限于博物馆或图书馆的藏品收藏和管理者使用，而是适用于会计师、律师、作家、档案工作者、家谱学者、历史学者，等等，几乎是来自各行各业的人士。另外，该辞典开篇的前言是对全书编纂目的、收录条目及原则等方面的详细交代，具有导论性质。书后的参考文献则是按照字母顺序，针对英语手稿涉及的主要方面，提供了具有经典性和权威性的参考书目，可供手稿学或英国历史文献学的学

① 参见 Peter Beal, *In Praise of Scribes: Manuscripts and Their Makers in Seventeenth-Century England*, Oxford: Clarendon Press, 1998。

习研究者延伸阅读之用。该书在我国国家图书馆以及一些高校图书馆均有收藏。

该辞典收录的与手稿学相关的词汇很多，为我们深入理解英国经济社会史文献学提供了重要参考。其中，对手稿的解释值得关注。

在该辞典中，手稿被认为是一个相对宽泛的概念，从字面上看是指“手写稿”，但在现代出版术语中，它是指未印刷或出版前的任何文本，包括打字稿和计算机输出稿等文献。有些文献如毕业证书的部分内容是印刷的，部分是手写的。这样的文献在著录时是否属于手稿文献，还是一个问题。在英语文献中，引用手稿文献的标准格式是，以英文“MS”开头，后边加上手稿文献的责任人和手稿文献编号。例如，“MS Harley 6232”。[①] 至于手稿文献的编目与著录（cataloguing and describing），则是更加专业的文献学问题了，这里不再赘述。

另外，该辞典对文献学、文书学（diplomatic）、古文字学等几个条目的解释也值得关注。

在该辞典中，关于文献学的解释是这样的：该词是指针对印刷出版的或手稿形式的图书展开历史研究的分支学科，一般被分为描述性的、分析性的、列举性的三种——描述文献学（descriptive bibliography）主要涉及图书形式和结构的审验、校对、分析和描述，该图书为手稿抑或印刷出版稿，该图书所使用的纸张、墨水、封面以及图书标牌（book plates）、排架号（shelf marks）等，似乎与中国传统的图书版本学接近；分析文献学（analytical bibliography）则着重分析图书的印书出版活动或手稿的创作特征，与文本分析（textual criticism）相近，也许类似于中国传统的校

① Peter Beal, *A Dictionary of English Manuscript Terminology 1450-2000*, Oxford: Oxford University Press, 2008, p. 244.

雠学；列举文献学（enumerative bibliography）只是围绕某一主题，按照作者、时间、专题等不同的顺序，编制图书目录，以备查考使用，也许这类似于中国传统的目录学。[①] 在当今西方学术界，历史文献学（Historical Bibliography）被视为文献学的一个分支，与描述文献学、分析文献学、列举文献学、文本文献学共同构成文献学的五大分支学科，但历史文献学与其他文献学分支的最大区别在于，它并非基于分类学（taxonomy）。[②] 这是因为，历史文献学主要探讨图书的实际生产过程，包括创作、审稿、校对、印刷、装订、制图等内容。[③] 从总体上看，文献学与书籍史多有交叉重合之处。书籍史是 20 世纪后半叶在西方兴起的一个新的史学分支学科，"以书籍的起源、发展，书籍在不同时代的物质形式，印刷术发明后书籍的空前发展以至书籍的收藏刊印、发行等都为书籍史研究的重要内容"[④]。可见，书籍史与文献学尤其是历史文献学也非常吻合。可以说，现代文献学与书籍史二者几乎完全重合了。英国现代文献学在其兴起时期就蕴含了这一发展趋势。英国的现代文献学学科兴起于 19 世纪初。当时有英国人把文献学称为"初兴的文献学"（the infant science of Bibliography），认为它主要探讨"书写材料""书写与印刷术的起源和演进""书籍的形

① Peter Beal, *A Dictionary of English Manuscript Terminology 1450-2000*, Oxford: Oxford University Press, 2008, p. 34. 值得注意的是，在西方学术界同时存在着与比尔有所不同的看法。例如，有学者认为，除了比尔所说的三种"文献学"之外，还有"文本文献学（文本分析）"（textual bibliography or textual analysis）和"历史文献学"（historical bibliography）。Simon Eliot and Jonathan Rose eds., *A Companion to the History of the Book*, Malden and Oxford: Blackwell Publishing Ltd., 2007, p. 15.

② Simon Eliot and Jonathan Rose eds., *A Companion to the History of the Book*, Malden and Oxford: Blackwell Publishing Ltd., 2007, p. 10.

③ Simon Eliot and Jonathan Rose eds., *A Companion to the History of the Book*, Malden and Oxford: Blackwell Publishing Ltd., 2007, p. 15.

④ 蒋大椿、陈启能主编：《史学理论大辞典》，合肥：安徽教育出版社 2000 年版，第 373 页。

态”“主要作者”等[①]，可见初兴的现代文献学就涵盖了书籍史研究。到了19世纪末，文献学被认为是“对书籍及其创作者、书籍的印刷出版及版本等所进行的系统描述和历史研究”[②]。显然，这时人们对文献学的认识更接近于我们现在所说的书籍史了。20世纪上半叶英国有学者则把文献学界定为“文字文献传播的科学”[③]。20世纪下半叶至今，英美学者不断扩展文献学的外延，甚至与书籍史几乎重合，或者说，书籍史正是由文献学发展而来。[④]然而，书籍史并未与文献学完全重合，更不能取代文献学，恰恰相反，却更加突显了文献学的基础地位，使文献学成为研究书籍史的前提条件。

关于文书学，该辞典认为，它是研究文件和档案记录（documents and records）的学科，兴起于17世纪，主要包括文件和记录的形式、语言、笔迹和含义等，涉及某一特定文件的措辞、程序以及释读、分析和鉴定等。[⑤]因此，文书学与文献学的重要区别在于其研究的对象不同，前者是以文件和档案记录尤其是官方文件和法庭诉讼记录为研究对象，后者则是以图书和手稿为研究对象。

与“文献学”“文书学”密切关联的条目是古文字学。该辞典对此条目进行了明确界定：古文字学是指研究笔迹和手稿历史的学科，主要涉及对

---

① Thomas Hartwell Horne, *An Introduction to the Study of Bibliography*, Vol. 1, London: Printed by G. Woodfall, 1814, “ Preface” , pp. v-viii.

② James A. H. Murray ed., *A New English Dictionary on Historical Principles*, Part III,Oxford: At the Clarendon Press, 1887, p. 846.

③ Simon Eliot and Jonathan Rose eds., *A Companion to the History of the Book*, Malden and Oxford: Blackwell Publishing Ltd., 2007, p. 10.

④ Simon Eliot and Jonathan Rose eds., *A Companion to the History of the Book*, Malden and Oxford: Blackwell Publishing Ltd., 2007, p. 18.

⑤ Peter Beal, *A Dictionary of English Manuscript Terminology 1450-2000*, Oxford: Oxford University Press, 2008, p. 121.

旧手稿的分析和描述，对手稿文本的释读，对笔迹的年代判定和辨认，对手稿的形成源地和抄写习惯的认识，等等。[①]因此，英语中的“古文字学”应属于“文献学”，尤其是与描述性的文献学相当接近。我们称之为“古文字学”也许并不是十分确切。

值得注意的是，该辞典有关“文献学”“文书学”“古文字学”条目的解释，与中国学者的有关界定有所不同。例如，中国学者一般认为，文献学是“研究文献的产生、发展、整理和利用的专门学科”；它可以划分为“传统文献学（古典文献学）”与“现代文献学”——前者“是指研究我国古典文献的源流、特点、处理原则和方法（如分类、目录、版本、辨伪、校勘、注释、编纂、辑佚等）及其利用的一门学科”，后者则“还很不成熟，还没有形成自身科学的定义和体系，有关研究则多侧重于文献工作等方面，有待进一步发展和完善”[②]。因此，正如国内有学者所指出的那样，在西文中很难找到与中国的“文献学”准确对应的词语。[③]实际上，中西两种不同的学术文化体系很难在具体词语上准确地一一对应，这在一定程度上也反映了中西学科体系、学术体系、话语体系上的差别。

总之，比尔编纂出版的《英语手稿术语辞典》是我们认识英语历史文献的首部重要工具书。它不仅有助于我们学习研究英国史，而且对中国历史文献学的发展具有重要参考价值。

该书在国家图书馆、武汉大学图书馆、中国人民大学图书馆、北京

① Peter Beal, *A Dictionary of English Manuscript Terminology 1450-2000*, Oxford: Oxford University Press, 2008, p. 279.

② 赵国璋、潘树广主编：《文献学大辞典》，扬州：广陵书社 2005 年版，第 237—238 页。

③ 参见张强：《西方古典文献学的名与实》，《史学史研究》2012 年第 2 期；司马朝军主编：《文献学概论》，湖北：武汉大学出版社 2011 年版，第 7、12 页。

师范大学图书馆、华东师范大学图书馆、浙江大学图书馆、中山大学图书馆、四川大学图书馆、扬州大学图书馆、杭州师范大学图书馆、广东外语外贸大学图书馆等均有收藏。

二　年代学工具书指南

年代学是指计算、测量、判定和标注历史年代的历史学分支学科。因此，人们又称之为历史年代学。该分支学科与天文历法学、历史文献学、考古学等诸多学科均有着密切联系。[①] 不过，历史年代学的主要任务是确定和组织社会历史事件的时间序列。有学者指出："历史年代学的任务除了研究历法体系、标注方式以外，还关注不同历法文化史料中标志日期的一致性。"[②] 可见，历史年代学是历史专业学习研究者必备的基础。

英国的历史年代学发端于 16 世纪，到了 17 世纪初探险家雷利（Sir Walter Ralegh，1554—1618）在他的《世界历史》中较早使用了"年代学"一词。[③] 随着文艺复兴、宗教改革和科学革命等重大历史事件的相继发生，近代早期英国的社会历史时间观念日益明确，为历史年代学的形成提供

① 参见蒋大椿、陈启能主编：《史学理论大辞典》，合肥：安徽教育出版社 2000 年版，第 129 页。

② ［德］斯特凡·约尔丹主编：《历史科学基本概念辞典》，孟钟捷译，北京：北京大学出版社 2012 年版，第 32 页。

③ F. J. Levy, *Tudor Historical Thought*, San Marino: The Huntington Library, 1967, pp. 170-171; D. R. Woolf, *The Idea of History in Early Stuart England*, Toronto and London: University of Toronto Press, 1990, p.47; N. Bailey, *An Universal Etymological English Dictionary*, London: Printed for E. Bell, J. Darby, etc., 1721, "Chronology"; Walter W. Skeat, *An Etymological Dictionary of English Language*, Oxford: Clarendon Press, 1888, p. 109; Eric Partridge, *Origins: A Short Etymological Dictionary of Modern English*, London: Routledge & Kegan Paul, 1961, p. 882.

了重要条件。18 世纪就出现了多部历史年代学著作。19 世纪是历史学的世纪，也是历史年代学的世纪。当时历史年代学家邦德（John James Bond，1819—1883）曾编纂出版了较为系统的年代学工具书，随后不久两次再版，为英国现代历史年代学的建立奠定了基础。[①] 在邦德的基础上，随着历史学学科的建立，1915 年首部明确面向历史学专业学生的历史年代学工具书面世，这部书就是另一位历史年代学家弗莱（Sir Edward Fry，1827—1918）编纂的《英国史学生年历》。[②] 这是英国现代历史年代学形成的重要标志。

在 19 世纪末和 20 世纪初，历史学的现代化率先在西欧国家趋于完成，国际历史学交流与合作的平台也开始建设。[③]1898 年国际历史科学大会（International Congress of Historical Sciences）拉开帷幕，随后这一大会先后在欧洲召开了数次，围绕历史学的理论方法以及各种专题开展了广泛而深入的讨论和交流。在国际历史科学大会的基础上，1926 年国际历史科学委员会（International Committee of Historical Sciences，ICHS）在瑞士日内瓦成立。为了在世界范围内推动历史学的比较研究，加强各国历史学家之间的交流和理解，该委员会在 1928 年设立了“年代学委员会”（Commission de Chronologie，Commission of Chronology），提出了编纂

---

① John J. Bond, *Hand-book of Rules and Tables for Verifying Dates with the Christian Era, &c.*, London: George Bell & Sons, 1875; Sir Leslie Stephen, Sir Sidney Lee eds., *Dictionary of National Biography*, Vol. 5, New York and London: Macmillan and Co., Smith, Elder, & Co., 1886, p. 340.

② 参见 Edward Alexander Fry, *Almanacks for Students of English History*, London: Phllimore & Co., Ltd., 1915。

③ 参见张乃和、于洪、郭军伟：《欧洲文明转型与史学现代化》，北京：东方出版社 2019 年版，“绪论”第 3 页；张广智：《中国史学：在与世界史学互动中前行》，《文史哲》2014 年第 2 期；周兵：《历史学的传承与守护：以国际历史科学大会及其委员会的初创时期（1898—1926）为例》，《史学史研究》2014 年第 1 期；[德] 于尔根·科卡：《国际历史科学大会：回望与期待》，景德祥译，《史学理论研究》2015 年第 3 期。

世界历史年表（a chronology of world history）的计划。[①] 这是国际历史学界共同推动历史年代学发展的重要措施，对英国历史年代学的发展也具有重要作用。

英国皇家历史学会不但较早参与了国际历史科学大会和国际历史科学委员会的活动，而且积极参与了国际历史科学委员会编纂世界历史年表的计划。在该计划的影响下，从 1932 年起，英国皇家历史学会组织国内史学家设计编纂英国历史年表。该年表的具体编纂工作由英国历史学家波威克（Sir Frederick Maurice Powicke，1879—1963）主持。他是著名历史学家陶特（T. F. Tout，1855—1929）的学生，曾任教于曼彻斯特大学和牛津大学，主要研究英国中世纪政治史、宗教思想史、大学教育史等，并与《英国国民传记辞典》的编纂、《英国历史评论》的创办等关系密切。[②] 在接受了英国皇家学会的计划之后，波威克历经近十年的编纂和修改，终于在 1939 年出版了英国首部系统的年表。[③] 这就是开展英国史学习研究的历史年代学必备工具书之一《英国年表手册》（*Handbook of British Chronology*）。

---

① Karl Dietrich Erdmann, *Toward A Global Community of Historians: The International Historical Congresses and the International Committee of Historical Sciences, 1898-2000,* eds. by Jurgen Kocka and Wolfgang J. Mommsen, trans. by Alan Northnagle, New York and Oxford: Beghahn Books, 2005, p. 117, p. 373.

② W. A. Pantin, “Frederick Maurice Powicke”, *The English Historical Review*, Vol. 80, No. 314 (Jan. 1965), pp. 1-9.

③ 该年表初版于 1939 年。然而，在 1986 年修订版的版权页里，该年表的初版时间却被误印为 1941 年。因此，在这里有必要予以澄清。参见 W. A. Pantin, “Frederick Maurice Powicke”, *The English Historical Review*, Vol. 80, No. 314 (Jan. 1965), p. 8; Edgar B. Graves ed., *A Bibliography of English History to 1485*, Oxford: At the Clarendon Press, 1975, p. 46; C. R. Cheney ed., *A Handbook of Dates for Students of British History*, Cambridge: Cambridge University Press, 2000, p. v; E. B. Fryde, D. E. Greenway, S. Porter and I. Roy eds., *Handbook of British Chronology*, London: Offices of the Royal Historical Society, 1986。

在初版时，波威克曾在该手册的前言中说："该书原计划编纂一部方便实用的文稿，以满足历史学专业学生的需要，而不是一部逻辑完整的专著。年代学是模糊的、界定不清的高难度研究领域，需要系统的研究。"①事实上，英国历史年代学作为一个分支学科，在当时已经获得长足进步。因此，1944 年在英国皇家历史学会的支持下，由另一位英国历史学家切尼（Christopher Robert Cheney，1906—1987）主持编纂了《英国史学生年代手册》（*Handbook of Dates for Students of English History*），第二年正式出版发行。切尼曾在曼彻斯特大学和剑桥大学任教，与波威克一样，也是英国中世纪史专家，主要研究政治史和宗教史。切尼主持编纂的年代手册吸收了《英国年表手册》中有关"时间计算"（Reckoning of Time）、"圣徒节"（Saints' Days）、"法律年表"（Legal Chronology）、"王位年表"（Table of Regnal Years）等内容，并增加了教皇年表以及历法变迁等方面的内容，成为英国历史年代学的又一必备工具书。

在《英国史学生年代手册》分立出来之后，《英国年表手册》又经过 1961 年、1986 年、1996 年等多次修订和重印，更正了一些时间谬误，扩充了英国历史上各种职官年表，更新了参考文献等内容。从内容上看，年表手册集中于英格兰、威尔士、苏格兰以及曼恩岛（Isle of Man）历代统治者；英格兰、爱尔兰和苏格兰的国家官职，历任主教，公爵伯爵等高级贵族，宗教会议以及议会会期等。可见，该年表手册是以英国政治史为主线的大事年表。例如，该年表手册较为详细地考证了盎格鲁-撒克逊时期历任地方统治者的姓名、统治时期等。另外，值得注意的是，该年表手册

① F. M. Powicke, "Preface to the First Edition", in E. B. Fryde, D. E. Greenway, S. Porter and I. Roy eds., *Handbook of British Chronology*, London: Offices of the Royal Historical Society, 1986, p. xv.

还比较细致地考察了英国首相一职的起源及其判定标准，把 1730 年 5 月 15 日视为沃波尔（Sir Robert Walpole，1676—1745）担任英国首相的首年，这也是英国首相制的开端，随后列出了英国历史上历任的英国首相姓名及其任期，使人一目了然。

《英国史学生年代手册》初衷是作为一部“从事历史研究日常必备的简便参考工具书”，该书甫一出版就受到欢迎，多次重印，成为英国皇家历史学会的“畅销书”，至今已成为一部经典著作。[①] 2000 年经过琼斯（Michael Jones）修订再版。新版增加了法庭开庭期、法国革命历法等内容，更新了有关参考文献。琼斯是诺丁汉大学法国中世纪史教授，曾担任《新编剑桥中世纪史》第 6 卷的主编。因此，他在修订该年代手册时增加了有关法国的内容。这对于更全面地理解英国历史年代学问题，具有重要意义。当然，该年代手册有关英国历史纪年问题的处理方法更值得关注。例如，英国的王位纪年是按照该国王继承王位之日计算，满一周年方为一年。英国都铎王朝第二位国王亨利八世是在 1509 年 4 月 22 日即位的，那么亨利八世第一年是指 1509 年 4 月 22 日至 1510 年 4 月 21 日满一周年的期间。然而，在 1793 年以前，法律纪年一般是按照议会召开的日期来确定一部议会法律生效时间的，而不是国王签署同意的日期。至于新旧历法问题则更为复杂。在 1752 年实行新历之前，英国的新年第一天并不是 1 月 1 日，而是 3 月 25 日。因此，我们常说的苏格兰国王詹姆斯六世于 1603 年 3 月 24 日继承英格兰国王的王位，实际上按照当时的历法应该是 1602 年 3 月 24 日。另外，当时新旧历法相差 10 天。英国历史文献《五月花号公约》中落款是 1620 年 11 月 11 日，按照新历则是 1620

① Michael Jones, “Preface to the New Edition” , in C. R. Cheney ed., *A Handbook of Dates for Students of British History*, Cambridge: Cambridge University Press, 2000, pp. vii-viii.

年 11 月 21 日。为了统一纪年方法，如今英国史学界统一使用“历史年”（historical year），即新年从 1 月 1 日开始。[①] 这就要求我们在解读原始文献时，一定要注意英国历史年代学问题，否则就会引起时序混乱。

因此，历史年代学是收集、整理、解读和运用历史文献的重要基础。《英国年表手册》与《英国史学生年代手册》作为英国历史年代学的经典教科书，已经成为英国史学界公认的“必不可少的助手”[②]，不仅为历史学专业人士学习研究英国史案头必备，也是想要了解英国历史文化的爱好者手头必需的基本工具书。

《英国年表手册》在国家图书馆、北京大学图书馆、南开大学图书馆、中山大学图书馆、首都师范大学图书馆、复旦大学图书馆、武汉大学图书馆、四川大学图书馆等均有收藏。《英国史学生年代手册》在国家图书馆、复旦大学图书馆、陕西师范大学图书馆等均有收藏。

三　英语词源学工具书指南

词源学（etymology）是考究词语的历史变迁及其发展规律的学科，该学科与语义学、语言学有密切联系。英国的词源学词典编纂发展很久远，至少可以追溯到 17 世纪。到了 18 世纪，出现了内森·贝利（Nathan Bailey，1691—1742）的《英语通用词源词典》[③]。19 世纪则出版了多部相

① C. R. Cheney ed., *A Handbook of Dates for Students of British History*, Cambridge: Cambridge University Press, 2000, p. 14.

② Edgar B. Graves ed., *A Bibliography of English History to 1485*, Oxford: At the Clarendon Press, 1975, p. 45.

③ 参见 N. Bailey, *An Universal Etymological English Dictionary*, London: Printed for E. Bell, J. Darby, etc., 1721。

关著作。例如，约翰·托马斯（John Thomson）的《英语词汇起源》[①]、亨斯利·韦奇伍德（Hensleigh Wedgwood，1803—1891）的《英语词源学词典》[②]、沃尔特·斯基特（Walter Skeat，1835—1912）的《英语语言词源学词典》[③]等著作相继在这一时期出版。到了20世纪，英语词源学的编纂更加准确、全面。其中以《起源：现代英语词源学词典简编》[④]与《牛津英语词源学词典》[⑤]为代表。

贝利是英国著名的语言学家、词源学家。他于1691年10月7日在米尔亚德教堂受洗。早年的学习生活使他精通拉丁语、希腊语和希伯来语。根据《浸信会历史学学会会刊》（*Transactions of the Baptist Historical Society*）记载，贝利曾获得过博士学位。

1721年，贝利的词源学词典出版。该词典包含多种类型的词汇，其中有方言词汇、科技词汇、生物词汇、医学词汇，甚至一些粗俗词汇。除了一些生活常见词汇以外，本词典还从制定法、特许状、令状等文献中搜集一些专有词汇。同时为了使读者更容易理解词汇的意思，这套词典第一次使用了插图，例如在纹章、科技与军事词汇的解释中插入了500张小木版画（woodcuts）。这部词典也包括肖像学和神学、箴言等词汇，这三类词汇同时用本土英语、希腊语、拉丁语、法语和意大利语进行解释。自

---

① 参见 John Thomson, *Etymons of English Words*, Edinburgh and London: Published by Oliver Boyd, Tweeddale-Court and Longman, Rees, Orme, Brown & Green, 1826。

② 参见 Hensleigh Wedgwood, *A Dictionary of English Etymology*, London: Trubner & Co., 60, Paternoster Row, 1862。

③ 参见 Walter W. Skeat, *An Etymological Dictionary of the English Language*, Oxford: at the Clarendon Press, 1888。

④ 参见 Eric Partridge, *Origins: A Short Etymological Dictionary of Modern English*, London: Routledge and Kegan Paul, 1958。

⑤ 参见 C. T. Onions ed., *The Oxford Dictionary of English Etymology*, Oxford: At the Clarendon Press, 1966。

从 1721 年该书第 1 版面世以来，该书多次再版，截止到 1801 年，该书再版次数达到 30 次。1727 年，贝利出版了该书的增补卷，即第 2 卷。1726 年贝利出版了一部单词拼写书籍。[①] 贝利的词典对世人影响深远。第一任查塔姆（Chatham）伯爵威廉·皮特（William Pitt、1708—1778）在伊顿公学读书期间，通过阅读贝利的词典磨炼自身修辞学水平。查塔姆伯爵（Lord Chatham，1708—1778）说到他通读过两遍贝利的词源学词典全书。托马斯·查特顿（Thomas Chatterton，1752—1770）通过阅读贝利的词典形成了自身写作措辞风格。著名的美国总统亚伯拉罕·林肯（Abraham Lincoln，1809—1865）据说经常翻阅贝利的词典。贝利的词源学词典对 18 世纪的文化传播作出了巨大贡献，甚至推动了英语在全球的传播。

《起源：现代英语词源学词典简编》的作者是著名词源学家埃里克·帕特里奇（Eric Partridge，1894—1979）。他于 1894 年 2 月 6 日出生在新西兰一个农场主家庭。后来全家搬迁到澳大利亚，曾入昆士兰大学学习，在牛津大学获硕士学位。1925—1927 年，他先后在曼彻斯特大学、伦敦大学讲授英国文学。1927 年他暂时离开了学术领域，成为了一名作者和出版商。但由于经济大危机的爆发，他的商业以失败告终。在此期间他以笔名科里·丹尼森（Corrie Denison）写了三部小说，但世人并没有给予太多关注。[②] 后来他逐渐对词语研究产生了兴趣，编纂了大量英语职业用语、社会流行语、俗语、词源学等方面的词典，其中《起源：现代英语

---

① Sir Leslie Stephen and Sir Sidney Lee eds., *Dictionary of National Biography*, 2nd edition, Vol. 1, New York: The Macmillan Company, 1908, p. 881; Hugh Chisholm ed., *Encyclopaedia Britannica*, 11th edition, Vol. 3, Cambridge: Cambridge University Press, 1901, p. 217.

② Collin Mattew selected, *Brief Lives: Twenty-Century Pen Portrits from the Dictionary of National Bibliography*, Oxford and New York: Oxford University Press, 1997, pp. 425-427.

词源学词典简编》颇有代表性。

该词典共出版了四次：1958 年出版第 1 版，1959 年出版第 2 版，1961 年出版第 3 版，1966 年出版第 4 版。该书包含的词汇种类相当丰富，有科学技术词汇、心理与哲学词汇、经济与社会词汇、语言与文学词汇等。该书也收集了许多在之前出版的词源学词典很少见的词汇，这些词汇在英国本土也很少见，主要流行于美国、加拿大、南非、澳大利亚、新西兰、印度与巴基斯坦。每个词条均以字词的首字母音序编排，读者可以根据该书开篇列出的缩略语，查阅书中相关字词的缩略语指代的意思。

《牛津英语词源学词典》的作者则是英国著名的词典编纂者和语法学家查尔斯·塔尔伯特·奥尼恩斯（Charles Talbut Onions）。他于 1873 年 9 月 10 日出生在伯明翰，曾在伯明翰的梅森学院求学并获得学士学位，1895 年获得硕士学位，后来参与了《牛津英语词典》的编纂工作。1929—1933 年，奥尼恩斯曾担任英国语文学学会（the Philological Society）会长。1945 年，他继承钱伯斯（R.W.Chambers）成为早期英语文体研究会的名誉会长。1932—1956 年，他长期担任以研究中世纪语言和文本为主的学术研究协会所办的《中世纪》（*Medium Aevum*）杂志编辑。此后 20 年，他主要专注于《牛津英语词源学词典》的编写工作，直至 1965 年 1 月 8 日在牛津去世。①

《牛津英语词源学词典》均以字词的首字母的音序排序，每个词的解释均以该词黑体形式开头。如果一类词语的词根相同，这类词会放在一起解释，编者会把这类词的相同词根标黑，后缀用较小的字体来表示。该书

① Oxford DNB, "Onions, Charles Talbut", 07/29/2019, https://www.oxforddnb.com/view/10.1093/ref:odnb/9780198614128.001.0001/odnb-9780198614128-e-35316;jsessionid=21981861745379B9B80BE5B0EB613E2F.

会以罗马数字来表示这个词出现的时间。如，XV 表示该词出现在 15 世纪。读者阅读该书时还需要注意一些缩略语形式。如，来自古法语或古拉丁语的词语，在该书中会以（O）F 或者 L 来作标识。对于源自古荷兰语（Low Dutch）即中世纪荷兰语（Middle Dutch）和中世纪古德语（Middle Low German）的词汇，该书会以 MDu 和 MLG 来标识。1966 年，《牛津英语词源学词典》首次出版，1967 年、1969 年两次修订，后 1974 年、1976 年、1978 年、1979 年、1982 年、1983 年、1985 年重新印刷出版。有人对这部词源学词典的颂词写道，“这是以牛津英语词典为基础编纂而成的一部新的词源学词典。这部词典针对每个词列出其发音、现今含义、首次在英语中被记录的日期、含义演化年表、英语书写的早期形式等”。还有人称赞，“这部词典是迄今为止出版最完整的、最可靠的英语词源学词典，总计包括 24000 个主要词目以及这些词目的派生词，单词总量超过 38000 个”①。

《英语通用词源词典》《起源：现代英语词源学词典简编》和《牛津英语词源学词典》是三大经典英语词源学词典，它们各有所长，可以互相参阅。

《英语通用词源词典》可见于 18 世纪藏书在线（ECCO）数据库。《起源：现代英语词源学词典简编》在北京大学图书馆、复旦大学图书馆、南开大学图书馆等均有收藏。《牛津英语词源学词典》在中国国家图书馆、北京大学图书馆、中国人民大学图书馆、吉林大学图书馆、中山大学图书馆等均有收藏。

① Percival E. Jackson, “Reviewed Work: The Oxford Dictionary of English Etymology by C. T. Onions”, *The Modern Language Journal*, Vol. 52, No. 2(1968), p. 125.

四　英国传记学参考书指南

一般而言，传记是指个体人的生平即个体史，而传记学则是关于个人生平之学，是历史学的重要分支学科。

现代英美传记学的开端可以追溯到威廉·罗伯尔（William Roper，1495—1578）于1557年完成的《托马斯·莫尔传》和乔治·卡文迪什（George Cavendish，1494—1562）于1558年完成的《红衣主教沃尔西传》。1791年，詹姆斯·博斯维尔（James Boswell，1740—1795）的《约翰逊传》出版，这部传记被誉为19世纪英美传记学的经典和巅峰。①19世纪中后期，传记学开始向民族国家化迈进，国民集体传记随之诞生。②英国《国民传记辞典》（*Dictionary of National Biograpny*, *DNB*）就是其集中体现。③

该辞典的第一任总主编是莱斯利·斯蒂芬（Leslie Stephen，1832—1904）。斯蒂芬是英国著名的传记学家和文学批评家。斯蒂芬于1832年11月28日出生在英国的肯辛顿·戈尔（Kensington Gore）地区。他先后就读于伊顿公学、伦敦国王学院，并于1854年在剑桥大学圣三一学院取得文学学士学位，1857年取得硕士学位。毕业后，他在圣三一学院担任了七年的教职，并在圣三一学院任教期间撰写了《亨利·福西特的生平》④等著作。1882年，他受邀担任了《国民传记辞典》的主编，开始《国民

① 参见张乃和：《现代英美传记学的兴起及其启示》，《史学集刊》2017年第4期，第92页。

② 参见张乃和、于洪、郭军伟：《欧洲文明转型与史学现代化》，北京：东方出版社2019年版，第53页。

③ 参见 Sir Leslie Stephen, Sir Sidney Lee eds., *Dictionary of National Biography*, 63 vols., London: Smith, Elder & Company, 1909。

④ 参见 Leslie Stephen, *Life of Henry Fawcett,* London: Smith, Elder & Co., 1885。

传记辞典》编纂工作。1885 年 1 月辞典第 1 卷出版。1883 年悉妮·李（Sidney Lee，1859—1926）被任命为斯蒂芬的助手，他们两人共同编写了后 5 卷。在斯蒂芬去世后，悉妮·李成为该辞典第二任主编。

在这期间，共有 653 名参与者参与了该辞典的撰写工作，经过长久的编纂与修改，该辞典终于在 1885 年到 1904 年间陆续出版，总共出版 68 卷，其中第 1 卷到第 63 卷为这套辞典的主体部分，1903 年索引卷出版，1901 年出版了 3 卷增补卷，1904 年出版一本勘误卷。该辞典总计收录 29333 篇人物传记。1901 年维多利亚女王逝世，悉妮·李开始承担第一次补充卷工作，补充卷共涉及 1885 年到 1901 年 2 月之间去世的 1000 名人物传记。1908 年到 1909 年陆续出版了 22 卷的勘误卷，其中第 22 卷为增补卷，增加了许多内容，勘正了许多错误。

20 世纪中后期，《国民传记辞典》已经远远不能满足时代的要求。1992 年牛津大学、牛津大学出版社和英国学术院（the British Academy）开始商讨编纂新的国民传记辞典。经过十余年的持续努力，2004 年全新的《牛津国民传记辞典》正式出版。①

据该新版辞典首卷的前言介绍，该辞典共耗资 2500 多万英镑，由 50 多位编辑、400 多位专业顾问以及 9804 名撰稿人共同完成。大部分撰稿人来自英、美、加拿大、澳大利亚和爱尔兰等，也有的撰稿人来自德、法、意、印度和日本等。该辞典全面记录了影响英国 2400 多年历史的各行各业重要人物。女性传主大约占总的新增加人物的四分之一，占辞典收录的总人数的 28%。该辞典首次出版时共有 60 卷，除此之外还有 1 卷人物索引卷。随后又陆续出版 2 卷增补卷。现在该辞典共包含 54922 名

---

① 参见 Henry Colin Gray Matthew and Brian Harrison eds., *Oxford Dictionary of National Biography*, 60 vols., Oxford: Oxford University Press, 2004。

在2000年前去世的人物，与原来的《国民传记辞典》相比，新版总共增加了16315位传主。该新版辞典配有1万多幅人物肖像画，同时还有536篇“主题”研究文章。①

除了以上国民传记辞典以外，20世纪以来还出现了多种著名人物生平文献著作汇编目录。其中，以《乔治·格伦维尔文献编目，1712—1770》②和《亚当·斯密文献编目》③为代表。

乔治·格伦维尔是英国历史上著名的首相，曾主导制定了1765年的《印花税法》(*Stamp Act*)。《乔治·格伦维尔文献编目，1712—1770》的作者是罗里·科尼什（Rory T. Cornish）。科尼什在伦敦大学学院获博士学位，曾在英美多所大学担任教职。该文献编目收录了格伦维尔的手稿、文件、演讲以及有关格伦维尔的出版物等。

亚当·斯密是英国著名的道德哲学家和政治经济学家，曾担任格拉斯哥大学的逻辑学教授和道德哲学教授。1759年《道德情操论》一书的出版使其声名鹊起，1763年亚当·斯密辞去大学教授的职位。④1776年影响后世的巨著《国民财富的性质和原因的研究》出版，该书简称《国富论》。

《亚当·斯密文献编目》的主编是英国经济史学家基思·特里布（Keith Tribe）。特里布是塔尔图大学历史系高级研究员。⑤日本史学家水田洋（Hiroshi Mizuta，1919—　）也参与了《亚当·斯密文献编目》的编

---

① Henry Colin Gray Matthew and Brian Harrison eds., *Oxford Dictionary of National Biography*, Vol. 1, Oxford: Oxford University Press, 2004, pp. v-xxx.

② 参见 Rory T. Cornish, *George Grenville, 1712-1770: A Bibliography*, London: Greenwood Press, 1992。

③ 参见 Keith Tribe general editor, *A Critical Bibliography of Adam Smith*, London: Pickering & Chatto, 2002。

④ 参见 Adam Smith, *The Theory of Moral Sentiments*, London and Edinburgh: Printed for A. Millar and A. Kinoaid and J. Bell, 1759。

⑤ Keith Tribe, “About” , 09/12/2019, http://keithtribe.co.uk/about/.

写工作。该文献编目的主要内容包括对亚当·斯密的著作在英国和爱尔兰印行的版本考证、对亚当·斯密格拉斯哥版本作品集的梳理、亚当·斯密作品在世界各国的翻译和传播、亚当·斯密作品所有版本按年代和译者以及语种等划分的文献编目等。

《国民传记辞典》在中国国家图书馆有收藏。《牛津国民传记辞典》在天津师范大学欧洲文明研究院资料中心有收藏。值得注意的是，《牛津国民传记辞典》已经推出网络版。该网络版随时更新，与纸质图书相比更加方便、快捷。读者可以登录账号使用（网址：https://www.oxforddnb.com/）。《乔治·格伦维尔文献编目，1712—1770》在中国国家图书馆有收藏。《亚当·斯密文献编目》在中国国家图书馆、北京大学图书馆等地有收藏。

五　英国议会制定法编年指南

制定法（Statutes）是由英国议会通过并由国王签署生效的法律。议会制定法最早可以追溯到1225年亨利三世签署的《大宪章》。随着议会在英国的演进，制定法的地位日益提高，至今成为英国最高层次的法律。

从历史总体趋势来看，英国议会通过的法律数量呈现不断增长的态势。这在英国都铎王朝时期表现得相当明显。[①] 随着英国农业革命、工业革命相继兴起与展开，生产关系变革需要法律来进行规范与调整，议会颁布的法律数量进一步增多。从17世纪末到19世纪初，议会立法从威廉

① 参见刘新成：《英国议会研究：1485—1603》，北京：人民出版社2016年版，第178页。

三世时期的58部剧增到乔治三世时期的254部。[①] 近代早期英国的议会制定法被分为两种，一个是公法律（public laws），另一个是私法律（private laws）。前者主要是适用于全国所有人的法律，包括国家大政方针、司法改革、社会经济、治安国防等涉及公共利益的法律，公法案编入《王国法令集》并向全国公布。后者主要是适用于特定地区的地方性法律以及限制适用于特定人的个人法律，私法案则汇编成《私法律集》，只存档不公布。[②]1889年《解释法》规定，1850年以后议会通过的每项法律均被认为是公法律。[③]

议会的制定法在英国历史上以及当代经济社会发展中起着重要作用。随着英国议会主权的确立与议会法律的增多，法律的汇编整理工作也随之展开。目前关于英国制定法文献主要有以下几类：《王国法令集》收录了从1215年《大宪章》到1713年间英国所有的制定法。该套多卷本是由法律记录委员会1810年到1825年出版发行。[④] 目前《王国法令集》是英国最权威的早期制定法版本。[⑤] 本系列法律共有11卷，其中第1到第9卷是这段时间内的法令正文，第10卷是英文字母索引，第11卷是年代顺序索引。目前英国制定法早期文本均可在“海茵在线”（HeinOnline）数据库中查阅并下载，第5—7卷也可在英国历史在线网站浏览。[⑥]《制定法大全》（*The Statutes at Large*）最早是在1578年由克里斯托弗·巴克（Christopher Barker）出版的一本法律汇编，收录了从1215年的《大

---

① David Lieberman, *The Province of Legislation Determined: Legal Theory in Eighteenth Britain*, Cambridge: Cambridge University Press, 1989, p. 13.

② 参见刘新成：《英国议会研究：1485—1603》，北京：人民出版社2016年版，第106页。

③ 52 & 53 Vict. c. 63, s. 9.

④ Fercy H. Winfield, *The Chief Sources of English Legal History*, Cambridge: Harvard University Press, 1926, p. 92.

⑤ Morris L. Cohen eds., *How to Find the Law*, 9th Edition, St. Paul: West Pub. Co., 1989, p. 526.

⑥ British History Online: Homepage, 09/01/2019, https://www.british-history.ac.uk/.

宪章》到 1585 年间英格兰的制定法。后来多人出版的法律汇编，均以此命名。[①]《大不列颠及爱尔兰联合王国制定法》涵盖了 1801—1869 年所有的议会法律全文，是由乔治 · 艾尔（George Eyre）和安德鲁 · 斯特拉昌（Andrew Strahan）共同编纂而成，此套书共有 29 卷，均可在 HeinOnline 数据库中查阅。[②] 此外，英国政府立法网也可找到部分法律原文。皇家文书局（Her Majesty's Stationary Office，HMSO）于 1831 年末开始整理出版本年度议会制定法官方文本。1865 年英国设立一个以出版英格兰和威尔士高级法庭主要判例为目的的报告委员会，即英格兰及威尔士判例报告委员会。该报告委员会除整理出版判例外，还于 1866 年开始出版议会通过的制定法。

上述制定法汇编整理了从古到今英国议会通过的法律，为了查找利用方便，《制定法编年》应运而生。[③] 该编年第 1 版是由凯恩斯勋爵（Hugh Cairns, Lord Carns，1819—1885）在 1867 年提议，并由制定法委员会（Statute Law Committee）主持制定，于 1870 年正式出版。1895 年第 13 版正式把年表与索引分为两卷出版。[④] 截至 1925 年，该编年已出版了 36 个版本。目前，2013 年出版了最新版，由制定法咨询委员会主持编纂。[⑤] 该编年共分 3 卷，第 1 卷涵盖了 1235 年到 1964 年英国议会制定

① 薛波主编：《元照英美法词典》，北京：北京大学出版社 2013 年版，第 1291 页。

② T. E. Tomlins, John Raithby ed al., *Statutes of the United Kingdom of Great Britain and Ireland*, Vol. 1-29, London: Printed by G. Eyres and A. Strahan, 1804-1869.

③ 参见 UK Stationery Office, *Chronological Table of the Statutes*, London: Printed by G. Eyres and William Spottiswoode, 1870。

④ Percy H. Winfield, *The Chief Sources of English History*, Cambridge: Harvard University Press, 1925, p. 100.

⑤ 参见 UK Stationery Office, *Chronological Table of the Statutes: 1235-2012*, London: Stationery Office Books, 2013。

法编年列表；第 2 卷涵盖了 1965 年到 1988 年英国议会制定法编年列表；第 3 卷则囊括了 1989 年到 2012 年英国议会制定法编年列表、1424 年到 1707 年苏格兰议会制定法编年列表、1999 年到 2011 年苏格兰议会制定法编年列表、2012 年威尔士国家会议通过的法律年表、2008 年到 2011 年威尔士国家会议法案年表、1920 年到 2012 年圣公会大会法和教士全体会议法案年表等。

该编年是由英国皇家文书局编纂并出版。皇家文书局是专门为议会和行政部门提供文具图书的政府部门，最早可以追溯到 1504 年英国国王亨利七世设立的“国王的印刷业者”（Printer to the King）这一机构。1786 年 4 月 5 日，政府授权财政部（the Treasury）的约翰·梅耶（John Mayor，1735—1817）在新王宫公园建立了皇家文书局。但其产生并非源于法律的规定，因而其存在依赖议会每年的投票。它也是一个庞大的出版机构，由它来出版和出售许多种政府出版物，如议案、法律、行政立法性文件集（Statutory Instruments）、汉萨得议会议事录（Hansard）、白皮书、蓝皮书和判例汇编、地图等。它负责印制由政府要求或者发行的各种文件。所有政府出版物的版权均归皇家文书局的主事官，他也是议会法律的出版人。随着 1830 年爱尔兰文书局和 1833 年苏格兰文书局相继解散和并入，皇家文书局的规模更加庞大。①

目前国内可以找到的《制定法编年》是 1997 年版本，该版本分为上、下两卷。上卷覆盖了 1235 年到 1963 年的制定法列表，下卷涵盖了 1964 年到 1994 年的制定法列表。该版本的内容可以分为三个部分：第

① 参见薛波主编：《元照英美法词典》，北京：北京大学出版社 2013 年版，第 635—636 页；Encyclopedia.com, “Her Majesty’s Stationery Office”, 11/18/2019, https://www.encyclopedia.com/books/politics-and-business-magazines/her-majestys-stationery-office。

一部分涵盖了英格兰议会、大不列颠和联合王国于1235年到1994年末所制定的法律和列表。这些法律包括：法律文献委员会出版的法令集，也就是著名的《王国法令集》。第二部分涵盖了1424年到1707年苏格兰议会颁布的法律。第三部分包含了1920年到1971年间的《圣公会大会法》和1972年到1994年间的《教士全体会议法案》。除了以上三个部分，本套法律列表还包括单独成册的第四部分，即《地方法律编年列表，1797—1994》，第四部分由法律委员会与苏格兰法律委员会共同编纂，单独成册，并于1996年由皇家文书局单独出版，1971年出版增补本。

在阅读该书时需要注意的是，全部或部分有效的法律会用黑色加粗来标识，表示是至今仍然有效的法律。对于撤销或失效的法律，此部分的法律会用斜体来标识，表示现已失效。对于修改的法律，制定法年表会使用特别的省略语符号来标注。实用性是该书最大的特点，读者一方面可以通过查阅具体的法律条文来梳理研究其历史发展脉络，另一方面可以浏览某一时期的法律条文，来观察英国社会主要关注的问题。通过观察某一类法律问题的兴废来透析英国的经济社会转型，所以该书是研究英国经济社会史必备的工具书。

《制定法编年》的1997年版本在中国国家图书馆有收藏。

六　英国公共档案局文献指南

英国公共档案局（The Public Record Office，PRO）成立于1838年，是依据《公共档案局法》而设立的机构。该法令旨在“安全地保存公共档案”，它将卷宗总管所辖法庭记录统一保存下来。公共档案局由多个分支机构组成，总部位于伦敦中区。[①]2003年英国国家档案馆成立后，英国公共档案局并入其中，但相关文献的查找未受影响，研究者可继续在英国国家档案馆中查找原属于英国公共档案局的档案资料。有关英国公共档案局文献著作很多，主要有以下几种：

第一种是《公共档案局文件大类指南》。[②]该书作者具体生卒年份不详，目前我们能搜集到有关其个人的信息亦十分有限。从该书的前言看，作者应是英国公共档案局的工作人员。除该书之外，他的主要著作还有《在挪威的一天半》[③]《爱德华一世和爱德华二世统治时期巴托尔修道院的习惯汇编（1283—1312）》[④]等。有关挪威的著作似乎与公共档案局并无关系，但仍可表明作者历史学家的身份，而后一部书则以地方习惯为研究对象，表明了作者在文献学上的造诣。[⑤]

该指南作为一部英国公共档案局文献档案编目类文献，有助于查找英国公共档案局所藏档案。甫一出版后就多次重印，至今在网络上仍有销

---

① Samuel Robert Scargill-Bird, *A Guide to the Principal Classes of Documents: Preserved in the Public Record Office*, London: Printed for HMSO, 1908, pp. 409-411.

② 参见 Samuel Robert Scargill-Bird, *A Guide to the Principal Classes of Documents: Preserved in the Public Record Office*, London: Printed for HMSO, 1908。

③ 参见 Samuel Robert Scargill-Bird, *One and a Half in Norway: A Chronicle of Small Beer*, Sydney: Wentworth Press, 2019。

④ 参见 Samuel Robert Scargill-Bird, *Custumals of Battle Abbey, in the Reigns of Edward I. and Edward II. (1283-1312)*, Printed for the Camden Society, 1887。

⑤ 据英国国家档案馆网站记载，“custumal”这一文献是“一种早期的调查类型，包括庄园的房客清单以及每人持有房屋和土地的习惯”（An early type of survey which consists of a list of the manor’s tenants with the customs under which each held his house and lands），此处意译为“习惯汇编”。参见 The National Archives, “Glossary for Manorial Documents Register”, 11/06/2019, https://www.nationalarchives.gov.uk/help-with-your-research/discovery-help/accessing-records-manorial-documents-register/#5-glossary-for-manorial-documents-register。

售，足见其影响深远。截至目前，该书共发行三个版本，分别是1891年第1版，1896年第2版和1908年第3版。该书第1版正文共355页；第2版正文共399页，比第1版增补收录了44页内容，主要变化之处是收录内容的增加；第3版正文共460页，除增加收录了61页内容外，还增加了目录页，但删去了前两版中对初学者认知公共档案局所藏文献类型的介绍。作者在第3版的前言中提到该版在体例上的大幅调整时说，“自从分别于1891年和1896年出版了该书的早期版本以来，在对公共档案局所藏档案的内容进行系统的编排和重新分类方面又取得了较大进步”，“本版对档案进行了更加科学的分组，在其所属的若干法庭或办公室的引导下，采用了精心安排的索引将与特定主题相关的档案合并在一起”。[①] 这就使得该版本在编排体系上显得更为清晰，有利于读者按照更为清晰的线索查找所需文献档案。因此，在这里主要介绍的版本为该指南第3版。

从体例上而言，该指南主要分为三个部分。我们将对该书的主要内容进行简要介绍。

该书的第一部分名为“若干法庭档案简表”。主要以表格的形式列举了所涉及的档案资料。这些表格共有11大类档案形式，分别为“大法官法庭档案”“王座法庭档案”“普通民事法庭档案”“财政署法庭档案”“财政署法庭档案（衡平法方面）”“财政署档案”“财政署财政契据档案”“达勒姆巴拉丁伯爵领档案”“兰开斯特巴拉丁伯爵领档案”“威尔士和彻斯特法庭档案”以及“兰开斯特公爵领档案”。每大类档案形式下按“档案描述”“所包含的时间段”和“包数、卷数或册数”等方面予以介绍。

① Samuel Robert Scargill-Bird, *A Guide to the Principal Classes of Documents: Preserved in the Public Record Office*, London: Printed for HMSO, 1908, pp. v-vi.

第二部分名为“最高法院性质和渊源简介”。该部分主要介绍了最高法院（The Supreme Court of Law）与大法官法庭的由来和演变，供研究者参考。

第三部分名为“各类档案的描述性编目”。该部分是对第一部分的细化和补充，涉及范围广泛，内容丰富，其价值不言而喻。

此外，该书还包含两个附录，分别是《公共档案法》原文及官方文献出版物的目录，供研究者进行拓展阅读。该书最后还附有索引，以便研究者能够较为精确、方便地定位到自己所需要查找的档案内容。

值得注意的是，该指南第1版和第2版的前言部分均对英国公共档案局所藏文献作了总括介绍，可供初学者入门之用。该书第3版则将前言部分删去，代之以更为清晰和明确的编目分类。因此，就学术价值而言，该指南是目前我们能够找到的最为权威的英国公共档案局文献指南，也是查阅利用英国公共档案局所藏档案的必读书目。以上三个版本则各有千秋。学习研究者可视个人情况选择该书的不同版本阅读和利用。该指南使用方法相当简便，主要在该指南的索引中按照字母顺序找到所需要的主题即可。

该书在我国尚未被收入中国国家图书馆馆藏，国内各大高校图书馆中亦无馆藏。常用的国外购物网站，如亚马逊（Amazon.com）和高级图书交流网（abebooks.com）亦有该书的重印版销售，但版本不一，需要对其进行甄别。由于该书出版时间较早，目前已成为公版书籍，故网站“谷歌图书”（Google Books）和“互联网档案”（Internet Archives）均提供该书三个版本的电子书下载，研究者亦可在国外购物网站购买该书的纸质版。

第二种是针对英国公共档案局文献解读和利用的指南。由于英国历史文献涉及的专业词汇较多，而且还涉及拉丁语和诺曼法语等语言，1910 年查尔斯·马丁（Charles Trice Martin，1842—1914）编写的《档案解读》就派上用场了。[①] 该书主要涉及拉丁文文献和法语文献的记录解读，是一部供案头查阅的辞典类工具书。全书共分九章，分别为："英文记录中使用的拉丁文缩写""英语记录中使用的法语单词的缩写""经典作品中未出现的记录与其他英语手稿中发现的拉丁词词汇表""大不列颠及爱尔兰地区的拉丁名称""英格兰主教区的拉丁名称""苏格兰主教区的拉丁名称""爱尔兰主教区的拉丁名称""英语姓氏的拉丁文形式""拉丁教名及其英文等同语"等。目前该书已不在版权保护期内，有需要的研究者可在国外网站"谷歌图书"和"互联网档案"中下载到该书的 PDF 版本。

第三种是剑桥大学教授艾伦·麦克法兰的《英国历史档案指南》一书。[②] 该书是一部对英国的历史档案类型、查找方法等进行简要介绍的著作，篇幅较小，适合学习研究者入门使用。该书在国家图书馆有收藏。

至于《英国档案：联合王国的档案资源指南》则是一部现代文献档案编目著作，1982 年出版第 1 版，最新版为 2002 年第 4 版。[③] 比较而言，该书收录的档案资料更多。该书在中国国家图书馆有收藏。

不过，从总体上看，以上四部著作可以相互补充，但难以相互替代，在此提醒英国历史文化学习研究者注意这一点。

---

① 参见 Charles Trice Martin comp., *The Record Interpreter*, London: Stevens and Sons Limited, 1910。

② 参见 Alan MacFarlane, *A Guide to English Historical Records*, Cambridge and London: Cambridge University Press, 1983。

③ 参见 Janet Foster and Julia Sheppard eds., *British Archives: A Guide to Archive Resources in the United Kingdom*, New York: Palgrave, 2002。

七　英国度量衡史辞典指南

度量衡问题是学习研究英国经济社会史过程中经常面临的问题，度量衡学也是经济社会史领域比较重要而又难度较大的分支。

早在20世纪初，就有学者编纂了一部英国度量衡史著作，至今仍被视为经典而得以不断再版。[①] 该书编纂者为查尔斯·莫尔·沃森爵士（Sir Charles Moore Watson，1844—1916）。他生于都柏林，毕业于都柏林圣三一学院，1874年参加戈登将军在苏丹的测量工作。此外，他还带领英国考古队在巴勒斯坦进行长期的考古发掘。在该书中，沃森追溯了英国度量衡的起源，概述了盎格鲁-撒克逊时代以来英国度量衡变迁的轨迹，并分别列出条目梳理了各个时期的度量衡单位。总体而言，沃森的这部书具有开创性和经典性。

1985年，英国首部度量衡史辞典问世，这就是罗纳德·爱德华·祖普科 (Ronald Edward Zupko，1938— ）编纂的《大不列颠群岛度量衡辞典：从中世纪到20世纪》。[②] 祖普科生于美国，是一位具有中世纪史学术背景的历史计量学家，以度量衡史研究而闻名于世。[③] 该辞典不仅厘清了

---

① 参见 Sir C. M. Waston, *British Weights and Measures as Described in the Laws of England from the Anglo-Saxon Times*, London: John Murray, 1910。该书在2015和2019年先后再版并已被数据化。

② Ronald E. Zupko, *A Dictionary of Weights and Measures for the British Isles: The Middle Ages to the Twentieth Century*, Philadelphia: American Philosophical Society, 1985.

③ 除了英国度量衡史辞典之外，他还撰写了多部有关度量衡史著作。参见 Ronald E. Zupko, *British Weights and Measures: A History from Antiquity to the Seventeenth Century*, Madison: University of Wisconsin Press, 1977; Ronald E. Zupko, *French Weights and Measures Before the Revolution: A Dictionary of Provincial and Local Units*, Bloomington: Indiana University Press, 1978; Ronald E. Zupko, *Italian Weights and Measures from the Middle Ages to the Nineteenth Century*, Philadelphia: American Philosophical Society, 1981; Ronald E. Zupko, *Revolution in Measurement: Western European Weights and Measures Since the Age of Science*, Philadelphia: American Philosophical Society, 1990; Ronald E. Zupko, *Straws in the Wind: Medieval Urban Environmental Law-the Case of Northern Italy*, Boulder: Westview Press, 1996.

中世纪和近现代英国度量衡史上的诸多问题，而且较为系统、深入地阐述了度量衡学相关专业术语及历史发展过程。

首先，祖普科在该辞典中列出了六个表格：表 1 为读者提供了自 9 世纪以来所有英国国王在位统治时间；表 2 列出了该辞典中所使用的缩略词；表 3 和表 4 列出了目前的英制、美国的习惯制和公制度量衡单位；表 5 包含了这些度量衡的基本等量单位；表 6 则提供了有关度量衡术语的定义。[①] 该辞典正文是按首字母依次排序的。该辞典的使用方法比较复杂，查阅难度较大，但笔者总结其使用方法如下：所有词条的题头（包括现代拼写及其词源）都是黑体字，而且该单词的现代拼写与其变体形式用破折号隔开，其变体形式是按照时间顺序排列的；在词源解释之后，是该度量单位的一般性解释。此外，括号中的内容可能含有公制等量单位（metric equivalents）的信息，近似单位的等量物保留到小数点的后两位，精确单位的等量物保留到小数点的后三位。但如果该度量单位的量度或类型与另一个更常见的度量单位相同时，则会在词源注释后出现“对应词”（equivalent）一词；如果某个度量单位与另一个度量单位在定义上不同，但由于相同的物理性质或量度而与之相关，则会使用术语“近义词”或“可互换使用词”。

在每一个主要的度量变体或变体组之后，都有中世纪和近现代引文的出处。这些引文开头的黑体字日期表示的是手稿或书籍的写作年份，而不是出版日期。日期后的代码名和数字显示了变体或变体组的来源（e.g., 1198 Feet 3.8: De vij. . .Ridon’）。代码名总是引用文献目录中的相应标题。在代码名后，句号和页码前的罗马数字是该变体或变体组的卷号（e.g.,

① Ronald E. Zupko, *A Dictionary of Weights and Measures for the British Isles: The Middle Ages to the Twentieth Century*, Philadelphia: American Philosophical Society, 1985, pp. xvi- xxxviii.

1443 Brokage Ⅱ. 7, e.g., 1198 Feet 3.8: De vij. . .Ridon'），处在“Feet”后的阿拉伯数字（3）是指参考书目中该特定代码名称下列出的几本书中的第三本书，其后面的数字是页码（8）。如果没有卷号，文献目录下面只列出一个标题，那么页码紧跟在源引用之后（e.g., Caernarvon 242）。

当一个度量单位有几个变体不符合任何其他主要部分，或文献中没有对其相对价值作出解释的时候，它们应被放在本词条末尾单独成段。应该注意的是，在说明性引文中，所有的手稿缩写词都被扩展开并加了下划线（e.g., “Et xl ptice” is changed to “Et xl pertice”）。此外，词源中的上标字母与单词的其余部分可放在同一行，并使用括号表示更改（e.g., gra na is amended to gr[a]na）。同样地，当手稿中的罗马数字被提升到某个数字的右上边时，它们也会被放在文本行上，并用方括号表示变化。如果涉及乘法或加法，则在数字之间放置适当的算术符号（e.g., V^{xx} Ⅻ = 112 is changed to V [*] xx [+] Ⅻ = 112）。其他缩略词被保留在原文中，如“l., li., and lib. for liber”。参考文献目录（bibliography）进一步补充和丰富了与度量衡学的术语和单位，并提供了其文献来源，构成了最后73页的内容。① 该辞典对度量衡学单位的词源、术语、标准化过程以及相关释义作了丰富而翔实的概括和总结，可以说是一部度量衡学的百科全书。

以上两部辞典在国家图书馆和国内各高校图书馆均无收藏，但可从“互联网档案”（Internet Archive）网站免费下载。

① Ronald E. Zupko, *A Dictionary of Weights and Measures for the British Isles: The Middle Ages to the Twentieth Century*, Philadelphia: American Philosophical Society, 1985, pp. 447-520.

八 英国历史统计资料指南

统计资料（statistics）是指“反映政治、经济、社会等各方面现象的数字资料。它是统计工作过程各个阶段的结果。包括统计调查的原始资料和经过加工整理与分析之后的资料”[①]。历史统计资料则是指反映历史上经济和社会现象的数字资料。因此，历史统计资料对历史专业学习研究者而言具有重要的参考价值。

英国历史统计资料汇编著作最早出现于20世纪60年代。第二次世界大战后，英国正处于经济恢复期，整个英国社会对英国经济增长历史记录的兴趣日趋浓厚。此外，俄裔美国经济学家西蒙·库兹涅茨（Simon Kuznets，1901—1985）的影响也是英国历史统计资料汇编著作出现的重要因素。[②]20世纪六七十年代，先后有多部英国历史统计资料汇编著作出版或再版。1962年，英国经济史学家菲莉丝·玛丽·迪恩（Phyllis Mary Deane，1918—2012）和威廉·艾伦·科尔（William Allen Cole，1926— ）率先着手整理和出版英国经济社会史统计资料，到20世纪80年代末终于出版了首部系统而全面的英国历史统计资料汇编类著作。这就是《英国历史统计资料》。[③]

---

① 于光远主编：《经济大辞典》，上海：上海辞书出版社1992年版，第1850页。

② Brian Redman Mitchell, *British Historical Statistics*, Cambridge: Cambridge University Press, 1988, “Preface”, p. vii; 库兹涅茨最重要的贡献是利用实证资料对国民经济的增长进行比较研究，参见［美］史蒂文·N. 杜尔劳夫、劳伦斯·E. 布鲁姆主编：《新帕尔格雷夫经济学大辞典》（第二版）第四卷，贾拥民等译，北京：经济科学出版社2016年版，第688页。

③ 参见 Brian Redman Mitchell, *British Historical Statistics*, Cambridge: Cambridge University Press, 1988。

该书编纂者米切尔曾任剑桥大学经济系教授和三一学院研究员[①]，1956年毕业于剑桥大学，获博士学位，其导师为英国著名经济史学家迈克尔·莫伊塞·波斯坦（Sir Michael Moïssey Postan，1899—1981）。[②]从1958年起，开始在剑桥大学经济系及其应用经济系从事研究，1962年首次出版英国历史统计汇编著作，此后逐步转向世界历史统计领域。[③]1967年开始在剑桥大学经济系任教。米切尔教授的历史统计研究工作使他在这个领域获得了巨大的国际声誉。从20世纪60年代中期以来，他先后受聘为美国科罗拉多大学、普渡大学，日本一桥大学、庆应大学的访问教授。他曾受意大利经济史学家卡洛·玛丽亚·奇波拉（Carlo Maria Cipolla，1922—2000）的邀请，撰写了奇波拉主编的《方塔纳欧洲经济史》第4卷和第6卷统计附录。[④]米切尔的著作主要集中在历史统计研究领域。其主要著作还有《英国历史统计资料摘要》[⑤]、《英国议会大选结果

---

① 参见[英]B. R. 米切尔编著:《帕尔格雷夫世界历史统计：美洲卷1750-1993年》(第四版)，贺力平译，北京：经济科学出版社2002年版，“中文版说明”，第2页。

② Brian R. Mitchell, “Dr. Mitchell Celebrated his Eightieth Birthday on 20 Sept. 2009” ,07/27/2019, https://share.trin.cam.ac.uk/sites/public/Alumni/Fellows%20Birthday%20Speeches/mitchell_brian_80th_Birthday.pdf; B. R. Mitchell, *Economic Development of the British Coal Industry 1800-1914*, Cambridge: Cambridge University Press, 1984, “Preface” , p. xii ; [英]B. R. 米切尔编著:《帕尔格雷夫世界历史统计：美洲卷1750-1993年》(第四版)，贺力平译，北京：经济科学出版社2002年版，“中文版说明”，第2页。

③ 参见[英]B. R. 米切尔编著:《帕尔格雷夫世界历史统计：美洲卷1750-1993年》(第四版)，贺力平译，北京：经济科学出版社2002年版，“中文版说明”，第2页。

④ 参见[英]B. R. 米切尔编著:《帕尔格雷夫世界历史统计：美洲卷1750-1993年》(第四版)，贺力平译，北京：经济科学出版社2002年版，“中文版说明”，第2页；米切尔为奇波拉主编的《方塔纳欧洲经济史》撰写的统计附录可参见[意]卡洛·M. 奇波拉主编:《欧洲经济史》第四卷下册，吴继淦、芮苑如译，北京：商务印书馆1991年版，“第十二章 1700—1914年的统计附录”，第298—370页；[意]卡洛·M. 奇波拉主编:《欧洲经济史》第六卷下册，方廷玉、徐修译，北京：商务印书馆1991年版，“第十一章统计附录（1920—1970年）”，第207—314页。

⑤ 参见Brian Redman Mitchell and Phyllis Deane, *Abstract of British Historical Statistics*, Cambridge: Cambridge University Press, 1962。

（1950-1964）》[①]、《英国历史统计资料摘要第二部分》[②]、《欧洲历史统计资料（1750—1975）》[③]、《英国煤炭工业的经济发展（1800—1914）》[④]，以及多次再版的3卷本《世界历史统计资料》[⑤]。

在1988年版的前言中，米切尔指出："该书写作目标主要是为使用者提供广泛的经济数据，以免去反复查找和比较各种资料之苦。"[⑥]事实上，该书并非一部全面的英国经济社会史统计资料著作。第一，该书大部分内容为经济史，只有一小部分内容涉及社会史。[⑦]第二，该书收录的统计资料涵盖的时间范围是1700年以后，大部分资料集中在19世纪、20世纪。[⑧]对英国古代中世纪史的学习研究者而言，该书收录的统计资料参考价值较小。

1988年该书由剑桥大学出版社首次出版，2011年剑桥大学出版社重

① 参见 Brian Redman Mitchell and Klaus Boehm, *British Parliamentary Election Results, 1950-1964*, Cambridge: Cambridge University Press, 1966。

② 参见 Brian Redman Mitchell and Hywel G. Jones, *Second Abstract of British Historical Statistics*, Cambridge: Cambridge University Press, 1971。

③ 参见 Brian Redman Mitchell ed., *European Historical Statistics, 1750-1975*, London and Basingstoke: Macmillan, 1981。

④ 参见 Brian Redman Mitchell, *Economic Development of the British Coal Industry, 1800-1914*, Cambridge: Cambridge University Press, 1984。

⑤ 2007年出版的3卷本《世界历史统计资料》为最新版本。参见 Brian Redman Mitchell, *International Historical Statistics: Africa, Asia & Oceania, 1750-2005*, 5th Edition, Basingstoke and New York: Palgrave Macmillan, 2007; Brian Redman Mitchell, *International Historical Statistics: Europe, 1750-2005*, 6th Edition, Basingstoke and New York: Palgrave Macmillan, 2007; Brian Redman Mitchell, *International Historical Statistics: The Americans, 1750-2005*, 6th Edition, Basingstoke and New York: Palgrave Macmillan, 2007。

⑥ Brian Redman Mitchell, *British Historical Statistics*, Cambridge: Cambridge University Press, 1988, "Preface", p. vii.

⑦ Brian Redman Mitchell, *British Historical Statistics*, Cambridge: Cambridge University Press, 1988, "Preface", p. vii.

⑧ Forrest H. Capie, "Review: British Historical Statistics by B. R. Mitchell", *The Business History Review*, Vol. 63, No. 1 (Spring 1989), p. 229.

印该书，在内容上无变化。该书正文共 875 页，分 16 章，每一章按照英国历史专题收录相关统计数据。虽然其所收录统计数据集中于英国近现代史，但作为首部系统的英国历史统计资料著作，仍不失为英国经济社会史学习研究者必备的工具书。

该书使用方法共有两种。第一种方法，读者可按照目录查找相关统计数据。例如，读者想查找与对外贸易有关的统计数据，可直接找到正文第 442 页的表格目录，查找对外贸易专题的相关统计表。第二种方法，读者可按照正文后的关键词索引查找相关统计数据，如读者想查找英格兰银行的统计数据，直接依照其名称即可找到与其相关的统计数据。

该书的 1988 年版在中国国家图书馆、北京大学图书馆、南开大学图书馆、厦门大学图书馆等均有收藏。2011 年重印版在北京师范大学图书馆和南方科技大学图书馆有收藏。

第二章　一般理论与丛书

一　英国官方历史文献学指南

专题研究英国官方历史文献的著作，至今仍然屈指可数。其中，赫伯特·霍尔（Hubert Hall，1857—1944）的《英国官方历史文献研究》是一部经典性的著作。[①] 他是英国官方文献研究的先行者，其一生颇为传奇。1857 年 7 月 27 日，霍尔出生于英国诺丁汉郡。1879 年 6 月 24 日进入英国公共档案局工作，是最后一批没有大学学位进入档案局的工作者之一。虽然早在 19 世纪 70 年代中期，英国文官调查委员会认为文职人员应该从最优秀的大学毕业生中遴选，但霍尔的大多数同事都不是大学毕业生。据说 30 年后，霍尔对于没有接受大学教育仍心怀遗憾。

在入职六个月后，霍尔非常顺利地通过了试用期。1880 年 6 月入职一周年时，他的年薪已涨至 110 英镑。1882 年，其年薪已达到 150 英镑。但与其他文职人员的工资相比，英国公共档案局工作人员的工资很低。一

① 参见 Hubert Hall, *Studies in English Official Historical Documents*, Cambridge: At the University Press, 1908。

些职员为增加收入而不得不做兼职工作。然而，做兼职的机会并不多，即便有机会的话，也需要有处理档案的专门技能。幸运的是，1882 年 4 月，霍尔被任命为副管理员（Deputy Keeper），在威廉·哈迪（William Hardy）爵士的直接领导下工作。1886 年 1 月，威廉爵士辞职后，37 岁的亨利·麦克威尔·赖特（Henry Maxwell Lyte）担任历史手稿委员会的巡检员。由于赖特缺少领导能力，且 1838 年之前的管理员均已退休，这为包括霍尔在内的年轻管理员提供了更多的机会。至 1904 年，霍尔在英国公共档案局已工作25 年，其间，他一直致力于“改善历史研究”[①]，埋首于英国档案的整理与编撰工作，陆续出版文献十余部。

19 世纪末和 20 世纪初，在历史学专业化思潮的广泛影响下，霍尔的职业生涯开始转变。20 世纪 20 年代初，历史学与档案管理学开始分立。英国学者希拉里·詹金森（Hilary Jenkinson，1882—1961）的《档案管理手册》的问世成为一个转折。[②]1921 年，霍尔则以助理管理员身份结束档案管理生涯，开始投入到历史研究工作中。1939 年以后，他活跃于很多学术研究组织和机构，其中非常著名的有英国皇家历史学会、伦敦经济学院和英国皇家档案委员会等。总之，赫伯特·霍尔是英国档案事业的先行

---

① Margaret R. Procter, “Hubert Hall (1857-1944): Archival Endeavour and the Promotion of Historical Enterprise”, (Ph. D. Thesis, University of Liverpool, 2012), pp.43-65.

② 希拉里·詹金森（Hilary Jenkinson, 1882—1961），英国著名档案学家，古典档案学思想的代表。1882 年 11 月出生于英国伦敦，毕业于剑桥大学。1905 年进入英国公共档案局工作。1932 年参与创办英国档案工作者协会，成为该组织的主要领导人。1938 年起，担任英国公共档案局第一副局长。1943 年任英国陆军部档案顾问，参与意大利和帝国战区的档案抢救工作。1947 年，被任命为皇家历史手稿委员会专员，受封为希拉里爵士。1950 年在国际档案理事会成立大会上，当选为第一届理事会副主席。此外，希拉里还从事档案教学工作，曾在伦敦大学讲授古文字学与英国档案等课程。在其代表作《档案管理手册》中，指出文件成为档案需要满足正式性、书写环境、文件定义、公私档案界限、保管条件等多方面的条件。参见郝伟斌：《古典档案学家的杰出代表——詹金逊》,《档案管理》2006 年第 6 期，第 12 页。

者，他发掘了档案对维护未来利益的至关重要性，从而确立了其在英国历史文献学上的重要地位。[①]

《英国官方历史文献研究》是霍尔的代表作之一，其基本内容为三部分：第一部分为导论，主要内容涉及档案史、档案分类、档案分析、英国官方历史文献参考书目和附录等五个方面的内容；第二部分为专题研究官方文书，主要内容有官方文书的起源、令状和特许状的内容与类型、令状文书格式与现代公文的形成等；第三部分专题探讨古文字学，主要内容涉及中古拉丁语、法语以及近代早期英语文书的释读、誊写、校勘以及各种缩略语等。该书为使用和翻译英国官方历史文献提供了指南，是学习研究英国史的必备工具书。

作为《英国官方历史文献研究》的补充，《英国官方历史文献格式汇编》两卷于1908—1909年由剑桥大学出版社出版。[②]该汇编提供了19世纪以前英国官方的历史文献的标准格式。从文献语言类型看，其大部分为拉丁语文献以及部分法语和英语文献。该书的主要目的是让文献使用者熟悉不同类型的英国文献的格式和语言，了解其如何书写和识读英国官方历史文献。该书的编撰源于伦敦经济学院（London School of Economics）的研讨班。在研讨班上，霍尔要求参加研讨的历史系学生收集和整理某一时期的英国历史文献。然而，事实上，这在当时是难以实现的。鉴于此，霍尔就产生了编撰一部完整的英国官方历史文献格式的设想，这自然也成为该书的首要目的。首先，霍尔对收集的官方历史文献进行了分类，并对

① Margaret R. Procter, "Hubert Hall (1857-1944): Archival Endeavour and the Promotion of Historical Enterprise", (Ph. D. Thesis, University of Liverpool, 2012), p.3.

② 参见 Hubert Hall ed., *A Fomula Book of English Official Historical Documents*, 2 vols., Cambridge: At the University Press, 1908-1909。

文献进行了相应的阐述。其次，对英国官方历史文献进行了全景式扫描，为我们呈现了不同类型官方历史文献的样式，这对我们解读和利用 19 世纪之前的英国官方历史文献提供了重要帮助。

读者可以根据自己研究过程中遇到的相关文献进行查询，以解决文献使用时的困惑。例如，若需要了解“特许状”方面的文献，首先确定该文献的年份，其次在特许状部分查找相关内容。为加深对所要查询文献的了解和认识，建议读者阅读霍尔对每类文献的导读部分。

剑桥大学出版社于 2010 年公布了以上两部著作的数字化版本，这为研究者获取该文献提供了很大方便。

二　英国经济社会史文献指南

“经济社会史”（Economic and Social History）一词最早出现于 19 世纪末，英国经济社会史研究由此滥觞。①1926 年英国经济史学会（Economic History Society，EHS）在牛津大学成立，并于次年出版会刊《经济史评论》（*Economic History Review*，*EHR*）。专门学会的成立和专业杂志的出版标志着英国的经济史成为了一门独立的学科。②

在英国经济史学科兴起的同时，美国历史学界率先出版了一部英国经

① 参见张乃和：《全球史视野中的英国经济社会史研究》，《史学理论研究》2019 年第 3 期，第 64 页。

② 参见侯建新主编：《经济-社会史：历史研究的新方向》，北京：商务印书馆 2002 年版，第 21 页；徐浩、侯建新：《当代西方史学流派》，北京：中国人民大学出版社 2009 年版，第 279 页；侯建新、龙秀清：《近二十年英国中世纪经济-社会史研究的新动向》，《历史研究》2011 年第 5 期，第 167 页。

济社会史文献学著作。美国学者朱迪丝·布洛·威廉姆斯（Judith Blow Williams，1890—1956）在1926年编纂出版了一部系统回顾英国工业革命时期经济社会史的文献学著作《1750年至1850年间英国社会经济史印刷资料指南》。[①]这是英国经济社会史文献学的重要成果。该指南于1966年重印。[②]由于威廉姆斯于1956年去世，与1926年版相比，1966年重印版在内容上并无变化。在英国经济社会史领域，该书被认为是一部开创性的著作。[③]直到20世纪70年代中叶英国经济社会史走向成熟后，英国学界又出现了英国经济社会史文献学专题研究著作。

20世纪70年代中叶，在马克思主义理论、年鉴学派和新社会史的影响下，英国的经济社会史开始走向成熟。[④]1976年，由威廉·亨利·查洛纳（William Henry Chaloner，1914—1987）和罗杰·查尔斯·理查森（Roger Charles Richardson，1944— ）共同编纂的《英国经济社会史文献编目指南》正式出版。[⑤]这是英国首部经济社会史文献学专题研究成果，成为学习研究英国经济社会史必备参考书。

该指南初衷是要编纂一部“英国经济社会史文献学著作，以满足该学

---

① 参见 Judith Blow Williams, *A Guide to the Printed Materials for English Social and Economic History 1750-1850*, 2 vols., New York: Columbia University Press, 1926。

② 参见 Judith Blow Williams, *A Guide to the Printed Materials for English Social and Economic History 1750-1850*, 2 vols., New York: Octagon Books Inc., 1966。

③ 参见 Judith Blow Williams, *A Guide to the Printed Materials for English Social and Economic History 1750-1850*, Vol.Ⅰ, New York: Columbia University Press, 1926, “Editor’s Preface”, p. vii.

④ 参见徐浩、侯建新：《当代西方史学流派》，北京：中国人民大学出版社2009年版，第279—283页；张乃和：《全球史视野中的英国经济社会史研究》，《史学理论研究》2019年第3期，第65页。

⑤ 参见 W. H. Chaloner and R. C. Richardson, comps., *British Economic and Social History: A Bibliography Guide*, Manchester/Totowa: Manchester University Press/Roman Littlefield, 1976。

科学生和教师的需要"[①]。此后，该指南又经过1984年和1996年两次修订再版，其收录的文献总量大幅度增加。[②]从该书的结构上看，主要包括两大部分。第一部分是历史编纂学和方法论有关成果，以及英国经济社会史一般性成果。其中，英国经济社会史一般性成果包括历史文献编目、原始资料、一般性概览和论文集。第二部分涵盖的英国经济社会史时段是1066年至1970年。1996年版则将时间下限延伸到1980年。在上述时段内，分别以1300年、1500年和1700年为时间节点，把英格兰的经济社会史划分为四个历史阶段；同时以1700年为界把威尔士、苏格兰和爱尔兰经济社会史划分为两个阶段。[③]在纵向划分阶段后，该指南的每一阶段都按照类似《经济史评论》刊发的经济社会史出版物中的各专题，收录该阶段各种问题的研究成果。

从内容上看，三个版本的《英国经济社会史文献编目指南》收录成果的主题有所调整和变化。与1976年版相比，"1700—1970年英格兰"在收录主题的数量和内容上都发生了非常大的变化。从数量上看，1984年

---

① W. H. Chaloner and R. C. Richardson, comps., *British Economic and Social History: A Bibliography Guide*, Manchester/Totowa: Manchester University Press/Roman Littlefield, 1976, "Preface", p. xiii.

② 1976年版收录4000部文献，1984年版收录5800部文献，1996年版收录7400部文献。R. C. Richardson and W. H. Chaloner, comps., *British Economic and Social History: A Bibliography Guide*, Manchester and New York: Manchester University Press, 1996, "Editorial Preface", p. xii. 相比1976年版，1984年版大幅增加了苏格兰和爱尔兰部分的内容。1996年版则大幅度增加了威尔士、苏格兰和爱尔兰部分的内容。W. H. Chaloner and R. C. Richardson, comps., *Bibliography of British Economic and Social History*, Manchester: Manchester University Press, 1984, "Preface", p. xi; R. C. Richardson and W. H. Chaloner, comps., *British Economic and Social History: A Bibliography Guide*, Manchester and New York: Manchester University Press, 1996, "Editorial Preface", p. xii.

③ 1976年版的《英国经济社会史文献题录指南》并未单独撰写1066年至1700年间的威尔士经济社会史，只是将其排列在该书中恰当的位置。W. H. Chaloner and R. C. Richardson, comps., *British Economic and Social History: A Bibliography Guide*, Manchester/Totowa: Manchester University Press/Roman Littlefield, 1976, p. 103.

版将1976年版的51个主题调整为28个主题。从内容上看，1984年版增加了“法律与秩序”“休闲与娱乐”“报刊与广播”等主题，并删去了1976年版的“职业”和“管理与雇主组织”两个主题。此外，1984年版对1976年版其余的48个主题进行了重新调整和组合。例如，1976年版的“科学与发明”专题更名为“科学与技术”专题，并整合成“工业”主题的一部分。与1984年版相比，1996年版收录的主题变化较小。其中，1996年版有一个较为明显的变化，即“1300—1500年英格兰”和“1500—1700年英格兰”“1700年以后的苏格兰”“1700年以后的爱尔兰”等部分均增加了“妇女”主题，“1700—1980年英格兰”也重新将“妇女”主题单列，而非将“妇女问题”归入“阶级和社会群体”主题。这与《经济史评论》刊发的“经济社会史”出版物目录的变化是同步的。[①]另外，1996年版的“1066—1300年英格兰”“1500—1700年英格兰”均增加了“文化”或“文化与休闲”的主题。事实上，早在1983年第4期《经济史评论》刊发的目录中便增加了“休闲与大众文化”的主题，1984年版指南也及时回应了《经济史评论》刊发目录的变化。在1984年版的基础上，1996年版在相关主题上也进行了补充。在这三版《英国经济社会史文献编目指南》中，农业和乡村社会、人口、工业、城镇、贸易等五大主题是每个版本，以及每个阶段的经济社会史均收录的主题。

该指南打破了以政治史为中心的倾向，是首部英国经济社会史文献学专题研究成果，对英国经济社会史文献学的兴起具有重要的开拓意义。曾任新英格兰大学经济史教授的马尔科姆·福克斯（Malcom Falkus,

① 1992年第4期《经济史评论》刊发的“经济社会史”出版物目录便增加了“妇女”主题。Matthew Hale, Richard Hawkins and Michael Partridge, “List of Books and Articles on the Economic History of Great Britain and Ireland in 1991”, *The Economic History Review*, New Series, Vol. 45, No. 4 (November 1992), pp. 755-793.

1940—2017）为 1976 年版《英国经济社会史文献编目指南》撰写过书评。他认为，该书对经济史学家、学生和教师均具有重要的参考价值。①1987 年 6 月 2 日的《泰晤士报》也指出，《英国经济社会史文献编目指南》是一部“令人钦佩的”著作。②

1926 年版《1750 年至 1850 年间英国社会经济史印刷资料指南》仅在国家图书馆和北京大学图书馆有收藏，1966 年重印版在厦门大学图书馆有收藏。1984 年版《英国经济社会史文献编目指南》仅在华东师范大学图书馆和北京大学图书馆有收藏，1976 年版和 1996 年版在国家图书馆及国内各高校图书馆均无收藏，但我们编写团队已从国外购得。

三　英国历史文献学丛书指南

20 世纪剑桥大学出版社和牛津出版社分别出版了英国历史文献学丛书。其中，7 卷本英国历史文献学丛书（Bibliography of British History，BBH）主要收录了从史前到 1989 年间英国历史文献，专业性强，覆盖面广，是英国历史文化学习研究的必备参考书，值得关注。

该丛书第 1 卷书名为《1485 年前的英国历史文献编目》。③该卷是基于查里斯·格罗斯（Charles Gross，1857—1909）的相关文献学著作修

① Malcom Falkus, “Review: British Economic and Social History: A Bibliographical Guide by W. H. Chaloner and R. C. Richardson”, *The Economic History Review*, New Series, Vol. 30, No. 1 (February 1977), p. 182.

② Anon., “Obituary: Professor W. H. Chaloner”, *The Times*, Tuesday (June 2, 1987), p. 14.

③ 参见 Edgar B. Graves ed., *A Bibliography of English History to 1485*, Oxford: At the Clarendon Presss, 1975。

订而成。[①] 对格罗斯版本的修订可以追溯到 20 世纪 50 年代。1956 年美国历史学协会首倡修订出版新的英国历史文献编目。英国皇家历史学会、英国学术院、美国中世纪协会等均参与其中，埃德加·格雷夫斯（Edgar B. Graves，1898—1983）被任命为主编。

格雷夫斯是美国著名的中世纪史学家，主要研究领域是中世纪英国法律史。在新兴的经济社会史学科影响下，他主编的这部文献学著作设立了许多新的专题，如第 18 章“土地保有与财产”、第 19 章“农业社会”等，值得重点关注。该卷总体上共由五个部分构成。第一部分为一般参考性作品与辅助学科，其中包括文献编目指南、期刊、历史研究辅助学科；第二部分为档案、史料收藏等，其中包括档案与图书馆、原始文献收集、地方史等；第三部分为从史前史到盎格鲁-撒克逊征服时期有关研究成果，其中包括史前史和凯尔特时代、罗马占领时期、罗马占领之后的凯尔特英国；第四部分为盎格鲁-撒克逊时期有关研究成果，其中包括盎格鲁-撒克逊人和凯尔特人原始资料、盎格鲁-撒克逊时代的当代评述；第五部分为从诺曼人到都铎家族，其中包括编年和皇家传记、法律文献、公共档案等。

该丛书第 2 卷收录了都铎王朝时期的原始文献和后人研究性论文及著作。主编是科尼尔斯·里德（Conyers Read，1881—1959）。[②] 该丛书第 2 卷是在 1933 年版本的基础上修订而成，于 1959 年出版。[③] 该版本涵盖了 1957 年 1 月 1 日之前的出版物。

---

① 参见 Charles Gross, *The Sources and Literature of English History: From the Earliest Times to about 1485*, London: Longmans, Green, and Co., 1900。

② Penn University Archives & Records Center: “Conyers Read Papers”, 10/19/2019, https://archives.upenn.edu/collections/finding-aid/upt50r282.

③ 参见 Conyers Read ed., *Bibliography of British History, Tudor Period, 1485-1603*, Oxford: At the Clarendon Press, 1959。

该丛书第 3 卷至第 7 卷则分别是关于斯图亚特时期（1603—1714 年）、18 世纪（1714—1789 年）、19 世纪前半叶（1789—1851 年）、19 世纪后半叶至第一次世界大战（1851—1914 年）、20 世纪（1914—1989 年）英国断代史文献编目。[①] 其文献编排顺序和结构与第 2 卷相近，均以政治史为主。具体内容就不再赘述了。

在牛津大学出版的 7 卷本英国历史文献丛书修订之际，剑桥大学出版了多卷本英国历史文献手册（Conference on British Studies Bibliographical Handbooks，CBSBH）。[②] 这套手册出版时间稍晚一些，主要由美国学者编纂而成，但由剑桥大学历史学家杰弗里·埃尔顿（Geoffrey Elton，1921—1994）担任咨询顾问（Consultant Editor），他是著作等身的英国都铎王朝史专家。[③] 在历史分期上也稍有差别，这套手册主要收录了从 1066 年诺曼征服到 1983 年止相关时段的后人研究成果，中间有个别时段未见出版，因而不够全面和系统。其突出特点是较为集中地收录了 20 世纪英语学者研究相关时段英国史的学术成果。

此外，英国皇家历史学会年度文献编目，也是值得关注的英国历史文献学丛书之一。

---

① 参见 Mary Freak Keeler ed., *Bibliography of British History,Stuart Period, 1603-1714*, Oxford: At the Clarendon Press, 1970; Stanley Pargellis and D. J. Medley eds., *Bibliography of British History, The Eiteenth Century, 1714-1789,* Oxford: At the Clarendon Press, 1951; Lucy M. Brown and Ian R. Cristie eds., *Bibliography of British History, 1789-1851*, Oxford: At the Clarendon Press, 1977; H. J. Hanham ed., *Bibliography of British History, 1851-1914*, Oxford: At the Clarendon Press, 1976; Keith Robbins ed., *Bibliography of British History, 1914-1989*, Oxford: Clarendon Press, 1996。

② 目前我们所能见到的有八卷，分别对应英国史上八个不同的时期：1066—1154 年、1154—1377 年、1377—1485 年、1485—1603 年、1660—1689 年、1760—1837 年、1837—1901 年、1901—1984 年。

③ Henry Colin Gray Matthew and Brian Harrison eds., *Oxford Dictionary of National Biography*, Vol. 18, Oxford: Oxford University Press, 2004, pp. 349-354.

英国皇家历史学会（Royal Historical Society）成立于1868年，其宗旨是团结职业历史学家共同推动英国历史学研究。该学会设立有专门的委员会，负责日常会务管理，一般由23名委员组成，每届委员会委员任期4年，设有主席、秘书、财务主管等职位。值得注意的是，皇家历史学会设有2名文献主管，负责英国皇家历史学会著作的出版。

该学会在20世纪初除了与美国历史学会合作编纂出版前文所述的BBH外，还编纂出版了多卷本英国史著作文献编目（Writings on British History）。1973年以后，该文献编目由伦敦大学历史研究所接手，直到1986年得以全部完成。自1976年起，英国皇家历史学会年度历史文献编目（Annual Bibliography of British and Irish History）得以出版。目前，这些文献编目已全部数据化，由皇家历史学会、伦敦大学历史研究所、比利时出版商布里波利斯（Brepolis）合作建成了“英国历史文献编目”（Bibliography of British and Irish History，BBIH）数据库。

据英国皇家学会网站介绍，该文献编目是“125年来在英国史和爱尔兰史领域已出版所有成果的最全面、最准确的指南”①。它以系统、广泛的文献资源为基础，充分收录了所有相关的已出版文献，包括800余种学术期刊，甚至还为每部出版的著作提供了链接以及相关评论。读者可以根据不同的主题创建自己的文献目录。该编目由专门的文献目录学家每年进行定期更新，以确保其能够及时准确地反映该领域研究的最新进展。

该文献编目现任学术编辑为莱斯特大学教授罗斯玛丽·斯威特（Rosemary Sweet），收录了公元前55年至今的英国史和爱尔兰史全部研

① Royal Historical Society, “Bibliography of British and Irish History”, 07/02/2020, https://royalhistsoc.org/publications/bbih/.

究文献，截至目前所收录的文献条目已超过 60 万条，每年的 2 月、6 月和 10 月进行更新。为方便查找，该数据库提供了简单检索和高级检索两种方式。简单检索是基本检索方式，可以输入任何一个关键词进行搜索。高级检索则提供了更细致和更精确的搜索，研究者可以通过输入作者、标题、期刊、出版日期、主题、地名、人名、时段等字段进行检索。该文献编目每卷还设有独立的编辑。例如，1998—2002 年每年度文献编目编辑均由奥斯丁・吉（Austin Gee）负责。① 他还是英国近代史专家，著有《英国志愿者运动（1794—1814）》等。②

从 20 世纪 30 年代开始由国际历史科学委员会组织编纂出版的《国际历史科学文献编目》（*International Bibliography of Historical Sciences, IBOHS*），对英国经济社会史学习研究者而言，也具有重要参考价值。③ 国际历史科学委员会是一个由世界各国历史学家组成的非政府国际组织，最初于 1926 年 5 月 25 日，由来自 22 个国家的历史学家在日内瓦成立。目前，国际历史科学委员会拥有 54 个国家委员会和遍布全球的 28 个国际附属机构。通常情况下，国际历史科学委员会与东道国史学会合作，每五年召开一届国际历史科学大会。④2015 年 8 月第 22 届国际历史科学大会首

---

① 参见纸本 Austin Gee ed., *Royal Historical Society Annual Bibliography of British and Irish History: Publications of 1998*, Oxford: Oxford University Press, 1999; Austin Gee ed., *Royal Historical Society Annual Bibliography of British and Irish History: Publications of 1999*, Oxford: Oxford University Press, 2000; Austin Gee ed., *Royal Historical Society Annual Bibliography of British and Irish History: Publications of 2001*, Oxford: Oxford University Press, 2002; Austin Gee ed., *Royal Historical Society Annual Bibliography of British and Irish History: Publications of 2002*, Oxford: Oxford University Press, 2003。

② 参见 Austin Gee, *The British Volunteer Movement 1794-1814*, Oxford: Clarendon Press, 2003。

③ 参见 ICHS., *International Bibliography of Historical Sciences*, Berlin: Walter de Gruyter GmbH & Co., 1930。

④ 参见 [德] 于尔根・科卡：《国际历史科学大会：回望与期待》，景德祥译，《史学理论研究》2015 年第 3 期。

次在中国济南召开。该委员会重视历史研究的理论方法问题，马克思主义史学家与非马克思主义史学家曾在该平台上展开过激烈辩论。这里也是东西方历史学家对话与交流的重要平台。为推动各国历史研究成果的交流和发展，国际历史科学委员会很早就开始组织编纂出版《国际历史科学文献编目》，自 1930 年以来几乎每年一卷，收录了当年世界各地出版的历史研究论文和著作。

以上剑桥大学和牛津大学两套英国历史文献丛书均过于偏重政治史，英国经济社会史文献的收录分类还不够深入，这是其突出的局限。目前，这两套丛书散见于国家图书馆、北京大学图书馆、中国政法大学图书馆、南京大学图书馆、武汉大学图书馆等。纸质的英国皇家历史学会年度文献编目丛书，在国家图书馆收藏有一部分，但并不全。该专题 BBIH 数据库可见于布里波利斯（Brepolis）出版社的数据库。[①] 目前，国内暂无高校引进该数据库。目前国内各大图书馆有关 1930 至 1977 年的《国际历史科学文献编目》收藏极少且不连续。从 1978 年至 1992 年，共计出版了 15 卷（第 47 至第 61 卷），在国内还比较好找。1992 年以后诸卷则大多有电子版。

四　英国图书史文献指南

图书史（Book History），又称书籍史，“它以书籍为中心，研究书籍创作、生产、流通、接受和流传等书籍生命周期中的各个环节及其参与

① 参见网址 http://www.brepolis.net/，2020 年 7 月 14 日。

者，探讨书籍生产和传播形式的演变历史和规律，及其与所处社会文化环境之间的相互关系”，“图书史的形成以悠久、辉煌的文明史为基础，同时它又对文明的记录、传播和扩张发生影响作用”。[①] 在我国，图书史的研究起步较早，有关文献学著作亦较为丰富。在国际学术界，专门论及图书史的文献著作较多，但有关英国图书史的文献学著作比较少，主要有以下两部：

由安·蕾恩·霍金斯（Ann R. Hawkins）于 2006 年编纂出版的《文献学、文本分析与图书史的教学》一书较有代表性。[②] 霍金斯是一位美国学者，妇女史、文学史学家，著作颇丰。霍金斯目前在纽约州立大学系统管理学院的学术计划与规划部门担任研究生教学与研究工作的助理教务长。作为一名历史学家，霍金斯的主要研究方向则是文献学、图书史和文学史，主要研究 19 世纪英国文学尤其是浪漫主义诗歌。此外，霍金斯还担任劳特里奇出版社（Routledge）出版史著作的编辑，主要负责手稿、印刷和数字化出版物的编辑出版。

《文献学、文本分析与图书史的教学》全书正文共 199 页。2015 年由亚马逊公司将该书数字化，推出了该书的电子书（Kindle 版），除数字化日期标注为 2015 年外，其余内容及出版信息均无变化。该书是一部有关于文献学、文本分析与图书史的论文集，同样也是一部教授文献学、文本分析和图书史研究方法的专业教科书。

编者按照该书的主要内容将该书分成了四大部分：第一部分是基本原

① 张炜：《西方书籍史理论与 20 世纪以来中国的书籍史研究》，《晋阳学刊》2018 年第 1 期，第 19 页；王嘉陵：《十五世纪前中西图书史之比较》，《四川图书馆学报》2011 年第 5 期，第 64 页。

② 参见 Ann R. Hawkins ed., *Teaching Bibliography, Textual Criticism and Book History*, London: Pickering & Chatto, 2006。

理；第二部分是创造以及运用资源；第三部分是方法论；最后一部分是相关资源。

该书第一部分主要“提供了一般性建议，涉及如何全面了解图书史、图书史的课程结构为何、实验室或图书艺术方法如何辅助教学”[①]。该部分共收录了4篇文章，分别为：《在文科课程中探索图书考古》《稀有藏书图书馆员的历史文献学》《“清晰活泼的理解力”：文献实验室的历史和影响》以及《图书的终结：走向材料形式的诗学》。这4篇文章分别从不同角度界定了历史文献学及图书史，为学习研究者入门提供了理论基础。

该书第二部分也收录了4篇文章，分别为：《图书史在路上：在教室外查找和组织资源》《易趣上的〈简·爱〉：建立教学收藏》《美国文学教室中的图书史》以及《从印刷类型到毕博教育管理平台：在“新的”英国大学为文学本科生教授近代早期图书史》。这4篇文章介绍了英美图书史教学实务一级案例。正如编者指出的那样，这部分“提供了实体图书较有限的环境下如何组织课程的几种模型”[②]。

该书第三部分为全书主体。这部分收录了“图书史教学”“文献学与研究方法教学”以及“文本分析教学”等方面的论文。

其中，“图书史教学”共收录5篇文章，分别为《为图书馆专业研究生准备的稀有书籍和特藏工作：有效的作业和练习》《21世纪的图书史与图书馆教学》《对症下药：松散的怪物与图书史》《“那不只是大而黯淡的

① Ann R. Hawkins ed., *Teaching Bibliography, Textual Criticism and Book History*, London: Pickering & Chatto, 2006, p. 14.

② Ann R. Hawkins ed., *Teaching Bibliography, Textual Criticism and Book History*, London: Pickering & Chatto, 2006, p. 14.

小说”:〈家庭箴言〉中〈艰难时光〉的教学》与《“以圣经的方式”:通过书本和期刊研究讲授19世纪的美国诗歌》。前两篇文章针对图书馆专业研究生,集中于图书史教学方法问题;后三篇则重点关注大学本科的文学史课堂。①

“文献学与研究方法教学”共收录6篇文章,分别为《文献学与研究课程》《将“文献学”与“文学研究”相结合:一种综合方法》《书籍隐藏的一生》《向装订工人学习:费城殖民地的装订交易调查》《造纸术:历史与实践》以及《早期传世文献的文献学分析》。该部分集中探讨了文献学的研究方法以及古籍修复问题等。

“文本分析教学”共收录了4篇文章,分别是《事物是如何运作的:文献技术教学》《“不要以恶为师,而要以恶为鉴”:大学生从不良版本中学到什么》《图书史与读者反应理论:莎士比亚〈罗密欧与朱丽叶〉和〈李尔王〉的教学》与《文本分析:作为“图书侦探”和学术编辑的学生》。这部分不仅关注文本批评技术教学,而且涉及文本的编辑工具等问题。

最后,该书提供了相关资源。②值得注意的是,不同于其他书后“参考文献”,该书所列文献资源基本上都是数字资源。

除了《文献学、文本分析与图书史的教学》一书外,2007年出版的《图书史指南》也值得关注。③该书由西蒙·埃利奥特(Simon Eliot)和乔

---

① Ann R. Hawkins ed., *Teaching Bibliography, Textual Criticism and Book History*, London: Pickering & Chatto, 2006, p. 15.

② 可能由于印刷错误,该书的“资源”部分被误标为“第五部分”(Part V),但事实上该书中并不存在“第四部分”(Part IV)。参见下列著作的目录:Ann R. Hawkins ed., *Teaching Bibliography, Textual Criticism and Book History*, London: Pickering & Chatto, 2006。

③ 参见 Simon Eliot and Jonathan Rose eds., *A Companion to the History of the Book*, Oxford: Blackwell Publishing, 2007。

纳森·罗斯（Jonathan Rose）共同编撰，详细介绍了图书史书籍，对于图书史研究而言具有不可替代的指导作用。

该书第1版于2007年由布莱克韦尔出版社出版，2019年10月出版了第2版，篇幅增加为两册。[①] 与《文献学、文本分析与图书史的教学》类似，该书也是一部论文集，不过更像是一部有关文献学和图书史的百科全书。该书分为四大部分，分别为“方法与途径”“物质文本的历史”“超越书本”“问题”。

其中，该书“方法与途径”部分，介绍了文献学的重要性、量化的用途以及书籍和传记对读者的作用等。第二部分主要介绍了图书史的发展脉络，从“抄本之前的世界”“西方之外的书籍”“公元400年至2000年的西方抄本”等方面展开了较为详细的探讨。第三部分则主要涉及图书史的技术层面，尤其是新文本技术的应用，很有启发作用。最后该书涉及图书史相关交叉学科问题，如书籍的非文本用途、审查制度、版权等。

以上两部有关英国图书史文献学著作，在中国国家图书馆、北京大学图书馆和武汉大学图书馆等有馆藏。

---

① 参见 Simon Eliot and Jonathan Rose eds., *A Companion to the History of the Book,* 2nd edition, Oxford: Blackwell Publishing, 2019。

·第二编·

专题著作

第三章　婚姻、家庭与人口专题

一　英国婚姻家庭史档案文献指南

婚姻是家庭生活的基础，婚礼标志着一个新家庭的开始，可能也是任何一个家庭历史上最重要的里程碑。中世纪时期，英国人普遍把婚姻视为一种两个家庭之间的财产交换契约，教会控制了英国的婚姻法，确定了一夫一妻制和至死方离的婚姻原则，禁止乱伦，惩罚通奸，并将私生子排除在财产继承之外。[①] 从中世纪末期到 20 世纪末期，在教堂结婚是英国的常态。缔结婚约在教区登记始于 1538 年。1753 年《婚姻法案》废除了普通法婚姻，只有教堂婚礼才有法律上的约束力；所有教堂婚礼必须在教区登记簿上记录，同时必须有结婚双方当事人的签字，方能生效等。[②]1837 年 7 月起，英格兰和威尔士全面推行民事婚姻登记制度，举行的每一桩婚姻

---

① 参见 [英] 劳伦斯・斯通：《英国的家庭、性与婚姻 1500–1800》，刁筱华译，北京：商务印书馆 2011 年版，第 12 页。

② 参见 [英] 劳伦斯・斯通：《英国的家庭、性与婚姻 1500–1800》，刁筱华译，北京：商务印书馆 2011 年版，第 15 页。

均统一地被记录在登记总局（GRO）编制的登记簿中。这就是最为主要的英国婚姻历史档案，如今部分记录可供公众直接查阅。[①]

专题介绍英国婚姻历史档案方面的文献学著作并不多见。斯图尔特·A. 雷蒙德（Stuart A. Raymond，1945— ）撰写的《家庭史学家的婚姻档案》值得关注。[②] 雷蒙德是英国家庭史专家，至今共出版了十余部著作。其中，《伦敦和米德尔塞克斯：一本家谱文献目录》[③]、《在线爱尔兰家族史名录》[④]、《我们祖先的遗嘱：一本写给家庭史家和地方史家的指南》[⑤]、《追溯祖先的教区记录：一本写给家庭史家和地方史家的指南》[⑥]、《家庭史导论》[⑦]、《1939—1945 年的大后方：一本写给家庭史家的指南》[⑧] 等，均涉及英国婚姻家庭历史档案文献研究。

《家庭史学家的婚姻档案》较为详细地探讨了婚姻档案文献的起源、16 世纪以来英国（包括苏格兰、威尔士、爱尔兰以及海峡群岛）的原始婚姻档案文献的基本情况、查找原始档案文献的途径和方法等，同时也简明扼要地梳理了婚姻登记的历史，如民事登记、教区登记、非信奉国教者

---

① S. A. Raymond, *Marriage Records for Family Historians*, Bury: Family History Partnership in Association with S. A. & M. J. Raymond, 2010, p. 5.

② 参见 S. A. Raymond, *Marriage Records for Family Historians*, Bury: Family History Partnership in Association with S. A. & M. J. Raymond, 2010。

③ 参见 Stuart Raymond, *London and Middlesex: A Genealogical Bibliography*, Birmingham : Federation of Family History Societies, 1994。

④ 参见 S. A. Raymond, *Irish Family History on the Web: A Directory,* Bury: Federation of Family History Societies, 2001。

⑤ 参见 Stuart Raymond, *The Wills of Our Ancestors: A Guide for Family & Local Historians*, Barnsley: Pen & Sword Books, 2012。

⑥ 参见 Stuart Raymond, *Tracing Your Ancestors' Parish Records: A Guide for Family and Local Historians*, Barnsley: Pen & Sword Books, 2015。

⑦ 参见 S. A. Raymond, *Introducing Family History,* Ramsbottom: Family History Partnership, 2007。

⑧ 参见 S. A. Raymond, *The Home Front 1939-1945: A Guide for Family Historians*, Ramsbottom: Family History Partnership, 2012。

（主要包括贵格会、犹太教和罗马天主教教徒等）的婚姻登记等。其中，作者认为民事登记制度被认为是执行继承法的关键，有效保存的登记簿被认为是最好的血统证明。[①] 因而，这些婚姻档案具有很高的史料价值。

至于英国家庭史文献学著作，则以西奥多·拉德福德·汤姆森（Theodore Radford Thomson，1897—1981）编纂的《英国家庭史文献目录》为代表。[②] 该书作者汤姆森是英国家庭史学家和家谱学家。他所编纂的这部文献目录最初于 1928 年在伦敦出版，全书共 158 页。[③]1935 年第 2 版，由汤姆森对该书作了修订，增加了部分书目，篇幅也增加至 202 页。[④] 该书的最新版为第 3 版，出版于 1976 年，汤姆森时隔 41 年对该书的一些不符合时宜的内容作了删减，并增加了一些新内容。[⑤]1980 年，汤姆森又为该书的第 3 版添加了附录，内容又增至 229 页。由于汤姆森在 1981 年去世，使该书定格在第 3 版，后虽有出版社对该书进行重印，但至今内容没有任何变化。

据汤姆森在该书的前言中介绍，该书是“英国家族史文献的完整列表”[⑥]。作者在其力所能及的范围内做到了完整而系统，几乎所有较有名望的英国家族均被收录其中。该书按照字母表顺序收录了英国历史上诸多名

---

① S. A. Raymond, *Marriage Records for Family Historians*, Bury: Family History Partnership in Association with S. A. & M. J. Raymond, 2010, p. 5.

② 参见 T. R. Thomson comp., *A Catalogue of British Family Histories,* London: Research Publishing Co., 1980。

③ 参见 T. R. Thomson comp., *A Catalogue of British Family Histories,* London: J. Murray, 1928。

④ 参见 T. R. Thomson comp., *A Catalogue of British Family Histories*, London: Edward O. Beck Limited, 1935。

⑤ 参见 T. R. Thomson comp., *A Catalogue of British Family Histories*, London: Research Publishing Co., 1976。

⑥ T. R. Thomson comp., *A Catalogue of British Family Histories,* London: Research Publishing Co., 1980, p. 6.

门望族的研究成果。以英国金雀花王朝时期的著名贵族霍兰（Holland）家族的词条为例，该书在这一条目下所收录的著作共计四部，分别涵盖了霍兰家族在柴郡、兰开斯特郡和斯塔福德郡的三个分支。

作为一部在20世纪重印并多次再版的经典文献编目类图书，《英国家庭史文献目录》主要学术价值如下：首先，该书是目前所能找到的唯一一部冠以“英国家庭史”的文献编目类著作，对于学习研究英国某家族历史而言，是不可或缺的文献学指南。其次，该书可以帮助我们理解英国家庭史这一学科的演变过程。该书第1版的出版时间为1928年，其时英国家庭史尚未作为历史学内部一门独立的学科分支而存在，其定义也同当今作为新社会史的家庭史有较大出入，这为研究史学定义中“家庭史”的演变提供了宝贵的参考。最后，该书收录的文献资源十分丰富，是一部优秀的文献编目类著作。

《英国家庭史文献目录》一书的使用方法较为便捷。按照家庭姓氏划分的编排体例可使读者迅速定位和搜寻到自己所需要的文献。该书最新版本的第185页提供了补遗。例如，读者想要检索与金雀花王朝时期的北方贵族，诺森伯兰伯爵珀西家族（House of Percy）相关的书籍，可按照该书的字母表顺序找到“P”字开头的姓氏页，在“P”字下找到“珀西”（Percy）词条，得到三本符合条件的书目，分别为理查德·格里菲斯（Richard Griffith）于1764年所著《珀西家族的摘录，诺森伯兰伯爵与伯爵夫人家族的历史和家谱》、方布兰克（E. B. de Fonblanque）于1887年所著《珀西家族年谱》与布雷南（G. Brenan）等人于1902年所著《珀西家族史》。[①] 此外，在附录中，我们也可以找到有关珀西家族的一部文献，

① T. R. Thomson comp., *A Catalogue of British Family Histories,* London: Research Publishing Co., 1980, p. 133.

为 1844 年由苏尔提斯（W. E. Surtees）所著的《诺森伯兰伯爵珀西第二子：若瑟琳·德·罗万的男性后代素描》。[①] 自此，所找到的这四部相关文献已足够支撑对珀西家族历史研究的起步工作了。据笔者所见，这四部文献均可在数据库或国外电子书下载网站“互联网档案”中找到电子资源。通过这些文献，研究者可进一步按图索骥，在相应的数据库中下载或购买更多相关文献，以支撑对该家族的研究。

《家庭史学家的婚姻档案》和《英国家庭史文献目录》在国内尚未见到有图书馆收藏，网络上也难以找到完整的电子版本。不过，我们的编写团队已通过国外购物网站购得。

二　英国人口统计史文献指南

英国人口统计学家约翰·里克曼（John Rickman）提倡的十年一次的普通人口普查始于 1801 年。这次人口普查主要是为了确定能够参加反法战争的人数，也有 1798 年马尔萨斯《人口原理》出版的影响。人口普查资料是英国人口统计史的重要文献。1841—1891 年的人口普查统计名册分别被存放在伦敦的公共档案局和爱丁堡的苏格兰总登记署，前者位于伦敦的市中心大法官大楼的地下室，交通便利，而且门票免费，在查阅普查资料的胶卷或胶片的时候不需要读者证，但需要能证明其身份的证件；后者在爱丁堡的王子街附近，毗邻苏格兰档案局，门票价格合理。然而，在如今的大数据时代，上述两个机构为了防止名册的损坏，把这些普查记录

① T. R. Thomson comp., *A Catalogue of British Family Histories,* London: Research Publishing Co., 1980, p. 215.

拍摄成了缩微胶卷或缩微胶片以供浏览者查询。

《1841—1891 年人口普查报告微缩胶片文献目录》具有重要的历史价值。[①] 该文献目录第 1—5 版分别于 1979 年、1980 年、1981 年、1982 年、1988 年（1990 年再版）出版，1994 年第 6 版由家庭史学会联合会于伯明翰出版。该书主要编纂者是英国家庭史学家吉布森。

该书是一本指南式的文献目录，其中的人口普查报告名册主要介绍了 1841 年、1851 年、1861 年、1871 年、1881 年和 1891 年英国海峡群岛、曼恩岛各郡的带有复合属性的人口分布情况的索引和相关出版物信息。作者细致地将每一个郡相应年份的人口普查资料出处，非常清晰地予以列条说明。

1841 年的人口普查是第一次有意记录家户（household）或机构中所有个体的名字，其普查的内容包括人的姓名和年龄（规定 15 周岁以上的人四舍五入，但最后并未按照此原则进行统计）、职业和宗教（主要针对爱尔兰居民）；1851 年，人口普查对职业进行了详细分类，使之成为划分英国社会阶层的基础；1861 年人口普查的内容与 1851 年相一致；1871 年人口普查增加了对人口经济地位的统计。[②] 这几次人口普查是在注册区域（RDs）和分区（SDs）进行的，注册区域以济贫法工会（Poor Law Union）[③] 为依托，而分区覆盖了各郡的分界区域，范围几乎囊括整个英国及其附属岛屿区域，符合人口普查具有普遍性的原则。

① 参见 J. Gibson and E. Hampson, *Census Returns 1841-1891 in Microform: A Directory to Local Holdings in Great Britain, Channel Islands, Isle of Man*, Birmingham: Federation of Family History Societies, 1994。

② Graham Vidler, *The 2001 Census of Population*, London: Social and General Statistics Section and House of Commons Library Press, 2001, p. 10.

③ 济贫法工会是英国和爱尔兰的一个地理区域和早期的地方行政单位。

除了微缩胶片文献目录之外，主要由吉布森编纂的《1522—1930年地方人口普查清单》也是英国人口统计史文献学方面的重要著作。[①]该书于1992年在家庭历史协会联合会（Federation of Family History Societies）首次出版，并在1994年再版、1997年三版。此外，该书也于1998年在谱系出版公司（Genealogical Pub. Co.）出版。

该书共分为四个部分。其中，前三部分包括引言、进一步阅读书目和缩略词；第四部分则收录了从1522年至1930年所有反映英格兰、苏格兰、爱尔兰、威尔士以及附近岛屿的人口统计和私产情况的文献资料，不仅列出了清晰的文献目录，而且对该文献进行了简明扼要的介绍，指明了人口普查清单的年份及该清单的馆藏地等。

以寻找贝德福郡的卡丁顿（Cardington）为例，若查询该郡的人口情况，根据目录定位到第13页。[②]在该页中可见记载贝德福郡下属一些村庄人口情况的出版物及档案；在卡丁顿（Cardington）栏目下能够查询到记载1782—1789年该地区的文献，即“大卫·贝克（David Baker）的《1782年卡丁顿的居民》（*The Inhabitants of Cardington in 1782*）”。此外，记载该时段的档案资料保存在“贝德福郡及鲁顿档案与记录服务部门”（Bedfordshire & Luton Archives & Record Service），编号为“BLA P38/ 28/ 1”以及“BLA P38/ 28/ 1/ 2”（修订版）。再以伯明翰郡为例，这部分的文献资料分别涉及该郡下辖的城市与村庄的人口数据，如里斯伯勒王子城（Princes Risborough）的1821年、1831年的人口情况收藏于

---

① 参见 J. Gibson and M. Medlycott, *Local Census Listings, 1522-1930: Holdings in the British Isles*, Birmingham: Federation of Family History Societies, 1992。

② J. Gibson and M. Medlycott, *Local Census Listings, 1522-1930: Holdings in the British Isles*, Birmingham: Federation of Family History Societies, 1992, p. 13.

公共档案局中的教区记录，编号为BRO PR175/ 28/ 3, 4；这份清单所用的材料包含人头税单、国家人口普查表、教会人口普查、领受圣餐者清单等。

该书的学术价值主要体现在英国人口统计史文献的多样化。其中，1801年至1831年国家人口普查档案，范围扩及750个教区。此外，该书还包含税收记录，以婚姻税法（Marriage Tax）为代表，记载了居住人口的生卒日期、结婚年龄等。教区人口普查也是重要的原始文献，牧师的拜访登记簿（Visiting Books）较为重要，涉及受访对象的出生、婚姻、职业、人际关系、雇主、文化程度、学校教育，乃至健康状况，等等。

《1841—1891年人口普查报告微缩胶片文献目录》与《1522—1930年地方人口普查清单》在国家图书馆和全国各大高校图书馆均无收藏。不过，我们的编写团队已全部购得这两部书。

三　英国女性史文献指南

女性史（Women's history）是指以女性为研究对象，进而揭示女性地位、状况、作用的历史学分支学科。大约在19世纪中后期开始出现，并在20世纪六七十年代趋于成熟。[①] 英国首部女性史文献学著作是1979年由美国加利福尼亚大学历史系教授芭芭拉·坎纳（Barbara Kanner）主

① 参见徐浩、侯建新：《当代西方史学流派》，北京：中国人民大学出版社2009年版，第512—513页。

编的《从盎格鲁–撒克逊时代到目前的英国女性》。[①] 该书作者曾在伦敦政经学院获得经济学学士学位，后从事女性史研究，著有多部英国女性史著作。[②]

该书不仅介绍了女性史研究状况，而且分专题探讨了英国历史上从古代到 20 世纪的女性以及相关的文献资料，尤其是第 12 章由伦敦政经学院杰弗里・威克斯教授撰写的“20 世纪早期英国女性史原始文献与档案介绍”，令人印象深刻。[③] 该章对我们进一步研究 20 世纪英国女性史具有重要参考价值。

到了 20 世纪末 21 世纪初，随着英国女性史研究的深入，有关文献学专题著作先后出版。1995 年约翰逊编纂出版了《英国和爱尔兰的女性与宗教文献编目（从宗教改革到 1993 年）》；[④] 2004 年由多人编纂的《1940 年前的女性经济思想文献编目》出版。[⑤] 这两部专题文献学著作，有助于推动英国女性史研究更加深入。

几乎与此同时，《英国女性史文献指南》出版问世。[⑥] 该书是“历史学与相关学科文献学著作精选”丛书之一，这套丛书由英国历史学家理查森

① 参见 Barbara Kanner ed., *The Women of England, from Anglo-Saxon Times to the Present: Interpretative Bibliographical Essays*, Hamden: Shoe String Press Inc, 1979。

② 参见 Barbara Kanner, *Women in English Social History, 1800-1914: A Guide to Research*, Scholarly Title, 1988; Barbara Kanner, *Women in Context: Two Hundred Years of British Women Autobiographers A Reference Guide and Reader*, New York: G. K. Hall, 1997。

③ 参见 Barbara Kanner ed., *The Women of England, from Anglo-Saxon Times to the Present: Interpretative Bibliographical Essays,* Shoe String Press Inc, 1979。

④ 参见 Dale A. Johnson, *Women and Religion in Britain and Ireland: An Annotated Bibliography from the Reformation to 1993*, Lanham and London: Scarecrow Press, 1995。

⑤ 参见 Kirsten Madden, Janet Seiz and Michele Pujol, *A Bibliography of Female Economic Thought to 1940*, London and New York: Routledge, 2004。

⑥ 参见 June Hannam, Ann Hughes, Pauline Stafford comp., *British Women's History: A Bibliographical Guide*, Manchester: Manchester University Press, 1996。

主编。值得注意的是，这套丛书还包括许多有价值的历史文献学著作。例如，《欧洲经济社会史文献指南》《历史研究：文献指南》《欧洲近代早期社会与经济：战后研究文献指南》《英国和爱尔兰考古学文献指南》《1800年以来的非洲、亚洲和南美文献指南》《古希腊和罗马文献指南》《英国经济社会史文献指南》《美国历史：美国历史新著文献》《从史前到1990年日本研究文献指南》《1789—1985年俄国与东欧文献指南》，等等。①

《英国女性史文献指南》提供了公元500年到1994年英国女性史研究的文献目录，涉及女性与家庭、女性与教育、女性与政治，以及女性与犯罪、卖淫、女性传记等方面的文献。②该书按照三个历史阶段编纂了英国女性史研究文献，即分别以1500年和1800年为界，比较系统地整理和研究了从公元500年到1994年间有关英国女性史研究文献。从空间范围来看，该书所收录文献涵盖了英格兰、威尔士和爱尔兰等地区。

以上四本关于英国女性史文献著作中两部专题类著作在国家图书馆、

---

① 参见 R. C. Richardson, *The Study of History: A Bibliographical Guide*, Manchester: Manchester University Press, 1988; Barry Taylor, *Society and Economy in Early Modern Europe, 1485-1789: A Bibliography of Post-War Research*, Manchester: Manchester University Press, 1989; Derek H. Adlcroft and Richard Rodger, *Bibliography of European Economic and Social History*, Manchester: Manchester University Press, 1992; Anthony King, *British and Irish Archaeology: A Bibliographical Guide*, Manchester: Manchester University Press, 1994; A.J. H. Latham, *Africa, Asia and South America since 1800: A Bibliographical Guide*, Manchester: Manchester University Press, 1995; Keith Hopwood, *Ancient Greece and Rome: A Bibliographical Guide*, Manchester: Manchester University Press, 1995; R. C. Richardson and W. H. Chaloner, *British Economic and Social History: A Bibliographical Guide*, Manchester: Manchester University Press, 1996; Louise A. Merriam, James Warren Obery, *United States History: A Bibliography of the New Writings on American History*, Manchester: Manchester University Press, 1995; Richard Perren, *Japanese Studies from Pre-History to 1990: A Bibliogrpahical Guide*, Manchester: Manchester University Press, 1992; Raymond Pearson, *Russia and Eastern, 1789-1985: A Bibliographical Guide*, Manchester: Manchester University Press, 1989。

② 参见 June Hannam, Ann Hughes, Pauline Stafford comp., *British Women's History: A Bibliographical Guide*, Manchester: Manchester University Press, 1996。

武汉大学图书馆等地有收藏，但另外两部尚未被国内图书馆收藏。不过，本书编写团队已经从国外购得。

四　英国家谱学文献指南

家谱学，也称宗谱学或系谱学，是一门以族谱、家谱为研究对象，探寻和研究某人的祖先为何，以究明某人的家系传承关系的学科，是历史学的交叉学科之一。家谱学与纹章学关系密切，家谱学的研究可为纹章的传承提供文本依据，而纹章学的相关研究则可为家谱学提供一种可视化的工具，以直观地展示拥有纹章家系之间的传承关系。由于家谱学家往往追根溯源，这种较为“接地气”的研究往往引起希望寻找自己祖先的英美普通民众的青睐。于是，自 19 世纪末开始，英国和美国的家谱学家们相继出版了一系列面向大众的书籍，用以帮助有需要的人们找到自己的祖先。由于这类书籍种类繁多，覆盖面广，也同样有助于相关研究人员借助家谱学这一工具展开相应研究。

英语中“genealogy”一词意指“家谱学”“宗谱学”或“系谱学”，是“对家庭历史的研究，包括研究某个人的祖先为谁”①。从词源学的角度看，该词起源于希腊语“genea”，希腊人用于解释“家谱和同质性”（genealogy and homogeny），该词在晚期拉丁语中为“genealogia”，后经法语传至英国，中世纪英语表述为“genealogi”或“genelogie”，并最

① J. A. Simpson and E. S. C. Weiner eds., *The Oxford English Dictionary*, Vol. Ⅵ, 2nd edition, Oxford: The Clarendon Press, 1989, p. 429.

终演变为现在的“genealogy”。[①] 可见，该词的含义自古至今未发生较大变化，而其“家谱”之意沿用至今。

1992 年，《公共档案局馆藏的家谱学资源辞典》[②] 出版。该书作者斯特拉·科尔韦尔（Stella Colwell）的信息不详，虽然著作颇丰，但她的个人信息却几乎没有。通过她的著作看，科尔韦尔是一位家庭史学家，可能供职于英国公共档案局和英国国家档案馆。除该书之外，科尔韦尔所著的其他书目还有《英国国家档案馆：家庭史学家实用指南》[③]、《家庭史：一部指南与疑难解答》[④]、《追寻你的家庭史》[⑤] 等。

《公共档案局馆藏的家谱学资源辞典》一书较为短小精悍，全书正文仅 206 页，但所包含的内容十分丰富且涵盖面广泛，几乎涉及与家谱学研究相关的各个领域。该书主要用于查找与家谱学相关的各个领域的在英国公共档案局存在档案的资源，并提供了相应的档案编号以方便研究者在公共档案局内查找相应资源。该书仅有 1992 年版，至今未发现有重印。

与其他按字母表顺序排列的辞典类著作类似，《公共档案局馆藏的家谱学资源辞典》一书的使用方法亦较为简便。该书已被收入中国国家图书馆馆藏，除此之外在国内其他图书馆未发现有收藏。有条件的研究者可至国家图书馆进行查阅和复制，或通过文献传递的方式获取该书。

---

① Eric Patridge, *Origins: An Short Etymological Dictionary of Modern English*, Routledge and Kegan Paul, 1961, p. 251.

② 参见 Stella Colwell, *Dictionary of Genealogical Sources in the Public Record Office*, London: Weidenfeld and Nicolson, 1992。

③ 参见 Stella Colwell, *The National Archives: A Practical Guide for Family Historians*, London: The National Archives, 2006。

④ 参见 Stella Colwell, *Family History: A Guide and Troubleshooter*, Gloucester: Sutton Publishing Ltd., 2002。

⑤ 参见 Stella Colwell, *Tracing Your Family History*, New York: McGraw-Hill Companies, 2003。

1996年，斯图尔特·A.雷蒙德（Stuart A. Raymond，1945— ）出版了《英国家谱学：一部文献编目》[①]第3版，丰富了家谱学的相关成果。该书1988年发行初版，共更新了三个版本，分别为1988年版、1991年版和1996年版。其中，第1版由雷蒙德在澳大利亚撰写和出版，[②]第2版为雷蒙德与另一位家谱学家杰里米·吉布森（Jeremy Gibson，1934— ）合著，[③]第3版则再次由雷蒙德独著。[④]该书的内容随版次的更新不断丰富和补充，作者雷蒙德亦指出“新书和新文章的不断出现，使得我们必须定期出版修订后的版本”[⑤]。该书的第2版仅40页，最新的第3版则增加至64页，较前一版补充了60%的内容。

该书作者斯图尔特·A.雷蒙德，是英国的一位知名家谱学家，著作颇丰。他隶属于英国家庭史学会联合会（Federation of Family History Societies），[⑥]甚至成立了以自己名字命名的出版公司（S. A. and M. J. Raymond），以同英国家庭史学会联合会联合出版自己编写的家谱学相关著作。雷蒙德的主要研究领域是家谱学与家庭史，并在家谱学下细分出的多个研究方向，尤其是在原始文献记录的查找方面有较大建树。近年来，

---

① 参见 S. Raymond, *English Genealogy: A Bibliography*, Birmingham: Federation of Family History Societies, 1996。

② 参见 S. Raymond, *English Genealogy: An Introductory Bibliography*, Highton, Vic.: S.A. & M.J. Raymond, 1988。

③ 参见 S. Raymond & Jeremy Gibson, *English Genealogy: A Bibliography*, Birmingham: Federation of Family History Societies, 1991。

④ S. Raymond, *English Genealogy: A Bibliography*, Birmingham: Federation of Family History Societies, 1996, p. 5.

⑤ S. Raymond, *English Genealogy: A Bibliography*, Birmingham: Federation of Family History Societies, 1996, p. 5.

⑥ 该联合会已于2019年4月改名为“家庭史联合会”（Family History Federation），参见 Alona Tester: “Federation of Family History Societies gets a Name Change”, 05/05/2019, https://www.gouldgenealogy.com/2019/03/federation-of-family-history-societies-gets-a-name-change/。

由于网络资源的发达，雷蒙德也与时俱进，出版了相应的家谱学著作。

《英国家谱学：一部文献编目》虽然篇幅较少，正文内容只有64页，但涉及范围较为广泛，且几乎涵盖了家谱学所涉及的各个方面，已足以应对家谱学相关研究的文献需求，是英国家谱学文献指南的代表性著作。就该书的章节体例而言，该书共分21章，每一章的内容可多可少，部分涉及内容较多的章又分为5至11个不等的节，除此之外，还包括前言、范例和两个文后索引，分别可供研究者通过主题（Subject）和作者、主编及杂志名（Authors, Editors and Journals etc.）等在书中找到自己需要的文献资源。该书的章节设计较为清晰并附有对所列文献的简要介绍，使研究者可以较为便捷地找到自己需要的相关资源。该书可按章节分为两大部分，第一部分是对家谱学和一般文献与工具书的介绍，第二部分主要介绍了各种可作为原始文献及参考文献的文献资源类别。

该书的使用方法也较为简便，读者既可通过文后索引进行书目查找，亦可通过文中目录定位到与自己研究方向相关的主题内容。

《英国家谱学：一部文献编目》在我国尚未被收入中国国家图书馆馆藏，国内所有高校，包括港澳台高校的图书馆馆藏中亦没有发现该书。本书编写团队已从国外购得该书第3版。

五　英国纹章学文献指南

纹章起源于中世纪欧洲的骑士比武大会。在进行骑士比武大会时，人们为了分辨比试双方骑士的所属，常在他们的披风上纹上代表自己身份的图案，以示与其他骑士的区别，纹章由此产生。在英国，纹章约在 1170 年之前便已出现。[①] 纹章学则是以纹章为研究对象的一门学科。在西方史学界，纹章学通常被视为史学的辅助学科。随着现代史学的兴起，英国纹章学文献研究也得以兴起。在这方面，较早的著作是乔治·加特菲尔德于 1892 年编纂出版的《英国及国外纹章学、家谱学印刷书籍和手稿指南》。[②]

该书共分 42 章，每一章的内容有多有少，除此之外，还包括杂项、补遗和一个文后索引章，供读者按照具体的主题进行查找。该书的章节分类略显杂乱，但总体可按照各章节的内容将其划分为七大部分。第一部分包括第 1 至 2 章，主要介绍了纹章学的基本知识；第二部分包括第 3 至 8 章，按照纹章体系分类整理了相关文献；第三部分包括第 9 至 13 章，主要涉及王室、贵族等特定人群的家谱与家族传承；第四部分包括第 14 至 20 章，按照地域划分，收集了各个地区的家谱学记录、著作和纹章卷档等；第五部分包括第 21 至 23 章，这三章按照记录介质收录了一些珍贵的原始文献，如“教区记录”“遗嘱”和“墓碑、碑文以及墓志铭”等；第六部分包括第 24 至 29 章，主要涉及纹章应用的场合等；第七部分为第 30 至 42 章，主要介绍了英国以外如奥地利、意大利、尼德兰等国家的纹章及相关文献。

在该书出版之后的近 70 年间，英国纹章学研究成果很多，相应

① Peter Coss and Maurice Keen, *Heraldry, Pageantry and Social Display in Medieval England*, Woodbridge: The Boydell Press, 2002, p. 83，转引自 G. Brault, *Early Blazon: Heraldic Terminology in the Twelfth and Thirteenth Centuries with Special Reference to Arthurian Literature*, Oxford: Oxford University Press, 1972, p. 21。

② 参见 George Gatfield, *Guide to Printed Books and Manuscripts relating to English and Foreign Heraldry and Genealogy*, London: Mitchell and Hughes, 1892。

的文献学著作也得到了更新。1970 年美国历史学家威廉·菲尔比（William Filby，1911—2002）编纂出版了《美国与英国的家谱学和纹章学》。[①]

菲尔比是美国著名的历史学家、家谱学家，马里兰州巴尔的摩历史学会会长，同时也是家谱学委员会主席和美国图书馆协会参考服务司和历史科的工作人员。[②] 他于 1911 年出生于英国剑桥，年少时曾以英国皇家陆军的身份参与过第二次世界大战，1957 年移民至美国巴尔的摩，成长为一名精通家谱学、纹章学和文献学的历史学家。

菲尔比的纹章学文献著作版本较多。该书的第 1 版于 1970 年出版，[③]1975 年出版第 2 版，[④]1985 年又推出了第 3 版，[⑤] 两年后的 1987 年，作者对第 3 版的内容又进行了补充，推出了增补本。[⑥] 在内容上，该书每一版均对前一版进行了补充，从最初的不到 2000 个条目增加到了一万余个条目，所涵盖的内容十分丰富。从总体上看，该书除了前言、导论、缩略语以及文后索引之外，正文共分 8 章，按国别和地区及专题分别为美国、加拿大、英格兰、爱尔兰、苏格兰、威尔士、不列颠岛区以及纹章学等。英国尤其英格兰是纹章学的重要源地，因此，这些章节的内容大多都会涉

① 参见 W. Filby comp., *American & British Genealogy & Heraldry*, Boston: New England Historic Genealogical Society, 1970。

② W. Filby comp., *American & British Genealogy & Heraldry*, Boston: New England Historic Genealogical Society, 1970, p. xiii.

③ 参见 W. Filby comp., *American & British Genealogy & Heraldry*, Boston: New England Historic Genealogical Society, 1970。

④ 参见 W. Filby comp., *American & British Genealogy & Heraldry*, Chicago: American Library Association, 1975。

⑤ 参见 W. Filby comp., *American & British Genealogy & Heraldry*, Boston: New England Historic Genealogical Society, 1985。

⑥ 参见 W. Filby comp., *American & British Genealogy & Heraldry 1982-1985 Supplement*, Boston: New England Historic Genealogical Society, 1987。

及英国。另外，1987 年的增补本中亦增补收录了 26 部相关文献。[①]

《英国及国外纹章学、家谱学印刷书籍和手稿指南》一书的使用方法较为简单，如读者希望检索与嘉德骑士团成员纹章相关的文献资料，首先，按照字母顺序，在书后索引中找到“嘉德骑士团成员的纹章”（Garter, Arms of Knights of）一栏，[②] 按照索引中所示定位到该书的第82 页，在该页找到目标文献为《（嘉德骑士团）团长的纹章、附属物和绶带，以及嘉德骑士团成员的纹章》。该文献为手稿形式，共 19 卷，藏于大英博物馆，馆藏编号（398 to 416）。[③] 如读者仍需查找有关嘉德骑士团的其他内容，亦可根据索引定位到 254 页的“嘉德骑士团”（Garter, Order of），查阅更多与嘉德骑士团相关的文献资料。《美国与英国的家谱学和纹章学》一书的使用方法相对而言更为简便，由于该书亦附有文后索引，故使用方法和前书大致相同，首先，在该书的文后索引中找到“嘉德骑士团”相关条目，根据索引找到相关书目的编号（1546、1565）[④]，在书中按照书目编号查找即可。[⑤]

《英国及国外纹章学、家谱学印刷书籍和手稿指南》一书收录了较多珍贵的原始文献，如手稿和档案等，并给出了相应档案和手稿的收藏地，读者可以按图索骥，找到相应的文献。《美国与英国的家谱学和纹章学》一书则作为一部在 17 年中不断更新的文献编目，该书所收录的纹章学相

---

① W. Filby comp., *American & British Genealogy & Heraldry 1982-1985 Supplement*, Boston: New England Historic Genealogical Society, 1987, pp. 165-167.

② George Gatfield, *Guide to Printed Books and Manuscripts relating to English and Foreign Heraldry and Genealogy*, London: Mitchell and Hughes, 1892, p. 639.

③ George Gatfield, *Guide to Printed Books and Manuscripts relating to English and Foreign Heraldry and Genealogy*, London: Mitchell and Hughes, 1892, p. 82.

④ W. Filby comp., *American & British Genealogy & Heraldry*, Boston: New England Historic Genealogical Society, 1970, p. 156.

⑤ W. Filby comp., *American & British Genealogy & Heraldry*, Boston: New England Historic Genealogical Society, 1970, pp. 106-108.

关著作主要集中于19世纪末20世纪初以来的时间段，可以与《英国及国外纹章学、家谱学印刷书籍和手稿指南》一书互为补充。

由于国内的纹章学相关研究还相对薄弱，《英国及国外纹章学、家谱学印刷书籍和手稿指南》一书在我国尚无馆藏，但由于该书成书较早，已成为公版书籍，故国外网站提供了该书的免费电子书供读者下载。《美国与英国的家谱学和纹章学》在厦门大学图书馆有馆藏。本书编写团队亦已购得该书的第1版和增补本。

六　英国出生、死亡和遗嘱历史档案指南

英国出生、死亡和遗嘱历史档案属于家庭史研究领域的原始文献。这方面的档案长期以来主要由地方教会负责管理，1837年以后才归口地方民事登记部门。随着家庭史和地方史研究的深入，有学者开始整理有关历史档案文献。

1993年，简·考克斯（Jane Cox）编纂出版了《遗嘱、遗嘱认证与死亡税档案》。[①] 考克斯是英国的一位档案学家兼家庭史学家，著作颇丰。[②] 在该书首次出版后，1995年和1998年又先后两次得以重印。该书以问答的形式，分9个主要问题介绍了相关档案的使用方法。可以说该书是一部

① 参见 J. Cox, *An Introduction to Affection Defying the Power of Death: Wills, Probate & Death Duty Records*, Ramsbottom: Federation of Family History Societies, 1993。

② 参见 Jane Cox, *An Introduction to Wills Probate and Death Duty Records*, London: Federation of Family History Societies, 1993; Jane Cox, *New to Kew?*, London: Public Record Office, 2007; Jane Cox, *Tracing Your East End Ancestors: A Guide for Family Historians*, Barnsley: Pen & Sword Books Ltd., 2011。

相关档案的入门必读书。

进入21世纪，有关英国出生、死亡和遗嘱历史档案文献研究工作取得了长足进展。2012年由戴维·安奈尔（David Annal）与奥德丽·柯林斯（Audley Collins）共同编纂出版的《出生、婚姻和死亡记录：家庭史学家指南》，值得关注。[①]

戴维·安奈尔是著名的英国家庭史学家，曾专注于家庭史达30年之久。他曾在英国国家档案馆工作10年之久，并担任英国国家档案馆首席家庭史专家，现为家谱学家和档案研究者协会（Association of Genealogists & Researchers in Archives, AGRA）的资深研究员。[②] 此外，安奈尔还与他人联合创办了“生命线研究”（Lifelines Research）公司及其网站，向学习研究者和网站访客提供文献资源或家谱学相关研究的付费咨询，他还在网站上接受家庭史学术报告邀请。[③] 除该书之外，安奈尔的著作还有《开始研究家庭史》[④]、《家庭简史：初学者研究指南》[⑤]、《遗嘱和其他遗嘱认证记录：研究祖先最后档案的实用指南》[⑥]。

柯林斯在该书出版时也是英国国家档案馆的职员，她拥有华威大学（University of Warwick）的历史学和政治学学位，在英国国家

---

① 参见 David Annal, Audrey Collins, *Birth, Marriage, and Death Records: A Guide for Family Historians*, Barnsley: Pen & Sword Books Ltd., 2012。

② 参见 David Annal, Audrey Collins, *Birth, Marriage, and Death Records: A Guide for Family Historians*, Barnsley: Pen & Sword Books Ltd., 2012; Association of Genealogists & Researchers in Archives, “David Annal”, 10/29/2019, https://www.agra.org.uk/dave-annal-genealogist-in-hertfordshire。

③ 参见 Lifeline Research, Homepage, 11/03/2019, https://lifelinesresearch.co.uk/。

④ 参见 David Annal, *Getting Started in Family History*, Public Record Office, 2001。

⑤ 参见 David Annal, *Easy Family History: The Beginner's Guide to Starting Your Research*, London: A&C Black Business Information and Development, 2013。

⑥ 参见 David Annal, *Wills and Other Probate Records: A Practical Guide to Researching Your Ancestor's Last Documents*, The National Archives, 2004。

档案馆担任家庭史专家，专攻英格兰和威尔士登记总局的历史。

安奈尔和柯林斯共同编纂的这部历史档案文献著作，追溯了民事登记制度的起源，梳理了其演变脉络，并提供了有关档案查阅的途径。除附录包括相关法规、参考文献和文后索引之外，该书正文按专题分十六章，可以划分为五大部分。第一部分主要概述了教区记录和民事登记制度的变迁。第二部分介绍了“不从国教者的记录”“海外及海上记录”和“军事记录”等特别专题，在每一专题结尾均有相应历史档案文献的查询地点。第三部分主要涉及英格兰及威尔士之外不列颠群岛其他组成部分的出生、死亡和遗嘱历史档案制度的发展过程和档案查找方式。第四部分涉及“离婚”（Divorce）、“收养”（Adoption）和“意料之外的资料”（Unexpected Sources）。这三个专题严格而言已不属于“出生、死亡和遗嘱历史档案”，但又与之关系密切，因此作者将其单列一章。第五部分详细地介绍了查询方法和访问途径，从“民事登记记录”（Civil Registration）、“在线访问资源”（Online Access）、“教区记录”（Parish Registers）、“不从国教新教徒的记录和其他记录”（Nonconformist and Other Registers）、“罗马天主教徒记录”（Roman Catholic Records）与“犹太人记录”（Jewish Records）等六个方面详细介绍了这些记录的访问途径与方法，给研究者查找相应资源带来了极大的方便。

另外一本值得关注的有关历史档案文献学著作是，2013年由西莉亚·赫里特奇（Celia Heritage）编纂出版的《通过死亡记录追寻祖先：家庭史学家指南》。[①] 赫里特奇是英国著名的家谱学家，著述颇丰。据她的

---

① 参见 Celia Heritage, *Tracing Your Ancestors Through Death Records: A Guide for Family Historians*, Barnsley: Pen & Sword Books Ltd., 2013。

“领英”（Linkedin）主页介绍，2006年她在坎特伯雷的纹章与家谱研究所担任教务长和讲师，2008年获得了家谱学高级证书，同年3月建立了自己的公司“西莉亚·赫里特奇家庭史”（Celia Heritage Family History），为家庭史学习研究者提供有偿咨询和在线课程。① 赫里特奇的其他著作还有2015年出版的《研究和找到你的祖先》。②

赫里特奇的指南首次出版后于2015年得以重印。该书主要介绍了在英国通行的死亡记录的用法。在导读部分，作者推荐了相关参考书目和网站，具有重要参考价值。在正文部分，作者按照细分的记录类型，如“死亡证明”（Death Certificates）、“埋葬档案”（Burial Records）、“墓碑与墓志铭”（Gravestones and Monumental Inscriptions）等，详细地介绍了相关资源的查阅和使用方法。

以上三部书尚未被国内图书馆收入馆藏，本书编写团队已从国外购得。

---

① 参见 Linkedin: “Celia Heritage”, 04/06/2020，https://www.linkedin.com/in/celia-heritage-67358117。

② 参见 Celia Heritage, *Researching & Locating Your Ancestors*, Discover Your Ancestors Publishing, 2015。

第四章　土地产权、“三农”与城乡关系专题

一　英国圈地运动与土地产权文献指南

英国圈地运动是一个历久弥新的问题。如今，我国学者已认识到，圈地运动不是一场简单的“羊吃人”运动，而是持久的土地确权过程。[①]因此，圈地运动与土地产权问题密切相关。一般认为，英国圈地运动兴起于15世纪末16世纪初，而针对该问题的研究则兴起于19世纪90年代。英国圈地运动研究成果累累，有关文献学著作也较早出现。

其中，较早的一部是由唐纳德·罗伯特·登曼（Donald Robert Denman，1911—1999）编纂出版的《农村土地经济与土地产权文献编目（1900—1957年）》。[②]他是剑桥大学土地经济系的创建者，也是英国和英联邦土地经济学的奠基人。在英国农业、渔业与食品部的资助下，登曼主持编纂了该文献学著作。该著作集中于英国农村地区的文献，没有收录城市地区的

① 侯建新：《圈地运动与土地确权》，《史学月刊》2019年第10期，第5页。

② 参见 D. R. Denman, O. H. M. Sawyer, *Bibliography of Rural Land Economy and Landownership, 1900-1957*, University of Cambridge: Department of Estate Management, 1958。

土地所有权、使用权、土地经济和土地管理等相关问题的文献资料。所收录的主要文献类型包括书籍、文章、备忘录和期刊等，这些文献主要出版于1900年到1956年之间，同时还收录了大学未公开出版的学位论文和农业报告等，总计有6000多种文献。需要注意的是，该著作还收录了西欧国家针对英国农业问题的英文论著，而把非英语文献归入“外国著作”。[①]

在英国农业史学会支持下，有学者在登曼的著作以及其他相关著作基础上，编纂了有关英国圈地运动的历史文献指南。这就是詹姆斯·戈登·布鲁尔（J. G. Brewer）编纂的《圈地与敞田制文献目录》。[②]布鲁尔曾担任朴次茅斯理工大学图书馆员，还编纂过《地理文献：组织与使用指南》。[③]

该书共划分为四章。第一章收录了有关英国圈地与敞田制的一般著作。这些著作是按照其首次出版的时间顺序排列，并分别以1914年、1939年、1954年为时间节点，把相关文献细分为不同的研究阶段。其中，所收录的最早著作是1867年关于公地和公共空间的法律论文，最后则是截止于1970年围绕马克思圈地运动观点的争论文章。[④]在第二章里，该书按照瑟斯克的农业史研究成果，对英国圈地研究文献进行了分类和归纳。这些区域分别是北部地区、约克郡和林肯郡、东盎格利亚地区、本部地

① 参见 D. R. Denman, O. H. M. Sawyer, *Bibliography of Rural Land Economy and Landownership, 1900-1957*, University of Cambridge: Department of Estate Management, 1958。

② 参见 James Gordon Brewer, *Enclosures and the Open Fields: A Bibliography*, Reading: British Agricultural History Society, 1972。

③ 参见 James Gordon Brewer, *The Literature of Geography: A Guide to Its Organisation and Use*, London: Bingley, 1973。

④ James Gordon Brewer, *Enclosures and the Open Fields: A Bibliography*, Reading: British Agricultural History Society, 1972, pp. 1-7.

区、东南地区、南部和西部地区、西南地区、柴郡和兰开夏郡、中东部地区、中西部地区、威尔士地区等。第三章则是按照专题把相关文献进行了分类和归纳。这些专题有土地的垄与犁沟、田地名称、人口数量减少与消失的村庄、文献资料指南、专业术语等。第四章是有关圈地和敞田制的议会法令与法庭裁决目录，是对相关法律文献的编目，值得重点关注。

英国圈地运动与土地产权问题是学习研究英国经济社会史的重要内容，以上两部文献学著作则是探讨相关问题的必备参考书。不过，由于其编纂出版年代已经相当久远，学习研究者需要注意梳理和掌握其后的文献。

《农村土地经济与土地产权文献编目（1900—1957 年）》在南开大学图书馆、中国人民大学图书馆、中国国家图书馆等地均有收藏。《圈地与敞田制文献目录》在天津师范大学欧洲文明研究院图书馆等地有收藏。

二　英国农业史文献指南

农业史是指以围绕农业历史问题而展开研究的历史学分支学科。农业史文献编目整理工作兴起于 19 世纪 90 年代。美国学者弗朗西丝·加德纳·达文波特（Frances Gardiner Davenport，1870—1927）是这一领域的开拓者之一。她在 1904 年毕业于芝加哥大学，获博士学位，主要研究中世纪后期英国农业史。她的主要著作之一是在当时著名的经济史教授阿什利的帮助下，编纂出版的《中世纪英格兰庄园与农业史印行原始文献分类目录》。[①] 该书收录的文献主要来自哈佛大学图书馆、波士顿公共图书

① 参见 Frances Gardiner Davenport, *A Classified List of Printed Original Materials for English Manorial and Agrarian History During the Middle Ages*, Boston: Ginn & Company, 1894。

馆和波士顿图书馆。[①] 这些文献涵盖的时段为 13 世纪至 19 世纪初。其中，所收录 10 类原始资料值得重视，分别是：庄园账目卷宗（1248 年至 1635 年），庄园法庭卷宗（1239 年至 1653 年），习惯法（1260 年至 1650 年），地租、习惯和扣押令（12 世纪初至 1642 年），庄园地图（1422 年至 1856 年），特别交易税卷宗（1327 年至 1683 年），农书（13 世纪左右至 1641 年），庄园法教科书（1265 年至 1816 年），圈地文献（1485 年至 1656 年），其他文献如 1541 年左右讨论兔毛皮的文献，以及 1518 年至 1520 年间讨论谷物磨坊的文献等。

进入 20 世纪以后，农业史文献整理和研究成果得到更新。其中，有两部相关的文献学著作值得关注。这两部著作分别是：1983 年由乔治·埃德温·富塞尔（George Edwin Fussell，1889—1990）编纂出版的《1914 年前的英国与西欧农业史文献目录》[②]，1994 年由塞缪尔·罗加尔（Samuel J.Rogal，1934— ）编纂出版的《英国与美国的农业（1660—1820）：18 世纪文献目录》[③]。

富塞尔曾供职于英国陆军部，后进入农业部。在农业部工作期间，他在《农业部期刊》（*Journal of the Ministry of Agriculture*）发表了一篇有关农业机械的文章，这是他第一篇学术文章，从此开启了他作为农业史学家的生涯，先后撰写了 20 多部著作、600 多篇文章，于 1990 年 1 月 1 日去世。[④] 除了《1914 年前的英国与西欧农业史文献目录》之外，他撰写

① Frances Gardiner Davenport, *A Classified List of Printed Original Materials for English Manorial and Agrarian History During the Middle Ages*, Boston: Ginn & Company, 1894, "Introduction", p. xiii.

② 参见 George Edwin Fussell, *Agricultural History in Great Britain and Western Europe before 1914: A Discursive Bibliography*, London: Pindar Press, 1983。

③ 参见 Samuel Rogal comp., *Agriculture in Britain and America, 1660-1820: An Annotated Bibliography of the Eighteenth-Century Literature*, Westport, Conn. : Greenwood Press, 1994。

④ Revolvy, "G. E. Fussell", 07/31/2019, https://www.revolvy.com/page/G.-E.-Fussell?cr=1.

的 3 卷本英国农书著作很值得关注。[①] 此外，他还撰写了有关英国乡村劳动力以及日常生活方面的著作，至今仍具有重要参考价值。[②]

《1914 年前的英国与西欧农业史文献目录》是富塞尔晚年对英国农业史文献进行系统全面整理的力作。全书共有九个部分的内容，分别是：英格兰农业史的起源、19 世纪历史学家及其农业史研究、现代初期（1870—1914）、中世纪主义者、荒地和可耕地圈地问题、1914 年之前德国与其他欧洲国家农业史著作、低地国家和意大利、法国，最后进行了总结。其中，17 世纪末至18 世纪被认为是英国农业变革的关键时期。[③] 该文献目录与他的 3 卷本英国农书著作共同构成了完整的英国农业史文献学体系，是学习研究英国农业史必不可少的参考书。

塞缪尔·罗加尔则是美国学者，他曾获教育学硕士学位，是美国 18 世纪研究会会员、伊利诺伊大河历史学会会员等。他编纂的《英国与美国的农业（1660—1820）：18 世纪文献目录》收录了 18 世纪英美农业史文献。他认为，18 世纪是英国和美国农业发展重要的时期，这一时期的圈地运动与技术革新促进了英国农业水平的提高，编纂这个时期的农业书目有助于理解农业变革以及英国经济社会的转型。这部英国断代农业史文献编目共分为 26 个主题，如工资、价格；古代畜牧业；动物医学、疾病和害

---

① 参见 George Edwin Fussell, *The Old English Farming Books*, Vol. 1, London: C. Lockwood, 1947; George Edwin Fussell, *More Old English Farming Books,* London: C. Lockwood, 1950; George Edwin Fussell, *The Old English Farming Books*, Vol. 3, London: Pindar Press, 1984。

② 参见 George Edwin Fussell, *The English Rural Labourer*, London: Batchworth Press, 1949; George Edwin Fussell, *The Farmer's Tools*, London: A. Melrose, 1952; George Edwin Fussell, *The English Countryman*, London: A. Melrose, 1953; George Edwin Fussell, *The English Countrywoman*, London: A. Melrose, 1955; George Edwin Fussell, *The English Dairy Farmer, 1500-1900*, London: Frank Cass & Co., 1966。

③ George Edwin Fussell, *Agricultural History in Great Britain and Western Europe before 1914: A Discursive Bibliography*, London: Pindar Press, 1983, p. 12.

虫；动物与牲畜；建筑与结构；家畜；化学；气候与季节；设施与机械；实验、改良与教育；渔业；果实与蔬菜；园艺业；种植业；谷物；草地；土地、土壤、排水、灌溉、地产与道路；法律与措施；肥料与化肥；期刊；种植、耕作与耕耘；植物与植被；人口与数据；土地测量、土地调查与自然史；树木与木材；羊毛。

以上两部英国农业史文献学著作各有侧重，但均重视18世纪英国农业史文献。这一点对中国学者而言具有重要启发意义。

《中世纪英格兰庄园与农业史印行原始文献分类目录》在国家图书馆及各高校图书馆均无收藏，“互联网档案”可下载该书的1894年版。不过，该书重印版在北京大学图书馆和中国政法大学图书馆有收藏。《英国与美国的农业（1660—1820）：18世纪文献目录》在中国国家图书馆、北京大学图书馆等地均有收藏。《1914年前的英国与西欧农业史文献目录》则未见国内图书馆收藏。本书编写团队已经从国外购得该书。

三　英国农具史文献指南

迄今我们看到的英国农具史文献指南主要有一部，这就是1984年初版《英国农具、工具与机器文献编目（史前至1945年）》。[①]

该文献学著作所涉及的主要学科为英国农业史，对英国农具史的研究建立在英国农业史研究的基础之上，该书亦是英国农业史学会（British Agricultural History Society，BAHS）主编的“农业史文献编目丛书”

① 参见 Raine Morgan, *Farm Tools, Implements, and Machines in Britain: Pre-History to 1945: A Bibliography,* Reading: University of Reading and the British Agricultural History Society, 1984。

(Bibliographies in Agricultural History)的第三册。英国国内对其农业史的系统研究方兴未艾，主要始于20世纪50年代，以英国农业史学会的成立与《农业史评论》(*Agricultural History Review*)杂志的创刊为标志。根据该书的介绍部分，英国国内对英国农具史的研究同英国农业史研究发轫的时间相仿，约从20世纪60年代开始蓬勃发展。作为英国农业史研究的"主要阵地"，雷丁大学培养出了较多英国农业史方面的专家学者，同时也为英国农业史研究贡献了较多资料与研究成果，上述"农业史文献编目丛书"即是20世纪80年代英国农业史文献学的集大成的著作汇编。

"农具"(Farm Tools)，顾名思义，即农业作业用工具。就农具本身而言，其自农耕时代以来便同农业的发展如影随形。正如该书前言所指出的那样，人们对农业设备的研究始于1930年《英国的犁》一书的出版，该书详细地介绍了自罗马帝国统治时期以来英国犁的变化。[①] 自此，与农具发展有关的著作在英国开始出现，到20世纪六七十年代出现了较多研究英国农具发展的专著，但对机械化农具的研究仍然不多。[②] 与英国农具史相关的文献编目类书籍亦仅有一部。

《英国农具、工具与机器文献编目(史前至1945年)》由蕾恩·摩根(Raine Morgan)编纂。他供职于英国农业史学会。[③] 除该书之外，他在1981年主编的《英国农业史论文集：1876年至1978年期间英国和外国大学获得高等学位论文的精选篇目》[④] 亦值得关注。

---

① 参见 J. Passmore, *The English Plough,* London: H. Milford, 1930。

② Raine Morgan, *Farm Tools, Implements, and Machines in Britain: Pre-History to 1945: A Bibliography,* Reading: University of Reading and the British Agricultural History Society, 1984, p. xiv.

③ 据该书封面注，摩根是"BA PhD"，此处"BA"应为"British Agricultural"的英文缩写。

④ 参见 Raine Morgan, *Dissertations on British Agrarian History: A Select List of Theses Awarded Higher Degrees in British and Foreign Universities between 1876 and 1978*, Reading: University of Reading, 1981。

摩根的英国农具史文献编目初版由雷丁大学和英国农业史学会共同出版发行。全书正文共 275 页。该书迄今仅有 1984 年一版，未发现有重印的情况，在亚马逊等购物网站上亦仅有 1984 年版本的旧书出售。

该书首先对 20 世纪 30 年代以来的英国农具史研究状况进行了介绍。接着，对相关的一般史学著作有关农具部分的研究文献进行了梳理。更重要的是，随后的“同时代概览”（Contemporary Surveys）主要收录了 1552 年至 1949 年同时代英国农业状况的档案及图书资料，大部分为原始文献。此后的章节均按专题排列，分别为：农具生产与研究，主要收录了农具制造及与其相关的研究成果，包括原始档案文献与书籍；农业生产动力，收录了畜力（主要是马）、蒸汽动力、燃油动力、电力等动力驱动农具相关的文献；园艺与园林，主要介绍了与之相关的农具文献，等等。

《英国农具、工具与机器文献编目（史前至 1945 年）》一书的使用方法较为简便，借助该书分类精确而翔实的目录，可以较为方便地找到所需书目。除目录外，该书亦如大多数文献编目类书籍相似，在书后提供了作者姓名索引（Author Index）和学科类别索引（Subject Index），供读者根据作者和学科类别找到需要的书目。

该书在我国尚未见被收入图书馆馆藏。国外网站“互联网档案”中，向其网站的注册会员提供该书的阅览及“借阅”（Borrow），该网站的“借阅”途径可向会员提供该书最多 14 天的加密 PDF 格式文件，有需要且有条件的研究者可在该网站注册会员后，对该书进行阅读或下载该书的加密 PDF 文件。不过，本书编写团队已经从国外购得该书纸质版。

四 英国道路交通史文献指南

道路交通史是学习研究英国历史上城乡关系的重要内容。19 世纪末 20 世纪初，费边社成员、著名社会活动家、政治家韦布夫妇在 1905 年编纂出版的《大不列颠道路建设与维护文献编目》具有开创性。[①] 但篇幅过小，仅有 35 页。随后，多萝西·巴伦（Dorothy Ballen）对该书进行了修订和补充，编纂出版了《英国道路建设与道路文献编目》[②]。这是一部具有经典性的英国道路交通史文献学著作，其中收集整理的原始文献编目尤其具有参考价值。因此，值得我们在这里予以介绍。

据该书前言所述，英国 1555 年议会通过《公路法》（*Highway Act*）是进入公路建设时代的重要标志。[③] 该法明确规定了公路的修建和养护责任、收费管理等事项。[④] 随着公路建设的开展，交通工具也得到改进。大约在 1580 年英国出现了四轮马车（Coach），随后逐渐得到普及。由此引发了人们对四轮马车破坏原有软土道路的争论。结果，从 1663 年开始，英格兰地区大规模兴建了超过 20000 英里的收费公路，为后来汽车引进英国奠定了道路基础。[⑤]

巴伦的个人信息不详，有可能是韦布夫妇的学生或同事，因此受托修

---

① 参见 Sidney Webb and Beatrice Webb, *Bibliography of Road-making and Maintenance in Great Britain*, London: Roads Improvement Association, 1905。

② 参见 Dorothy Ballen, *Bibliography of Road-making and Roads in the United Kingdom*, London: P. S. King & Son, 1914。

③ Dorothy Ballen, *Bibliography of Road-making and Roads in the United Kingdom*, London: P. S. King & Son, 1914, p. xvi.

④ 2 & 3 Phil. & Mar. c. 8.

⑤ Dorothy Ballen, *Bibliography of Road-making and Roads in the United Kingdom*, London: P. S. King & Son, 1914, pp. xvi- xvii.

订和补充韦布夫妇的有关著作。巴伦的修订本初版于1914年，随后多次重印，至今仍有在售的纸质版本。该书的最新印行版本为2018年11月推出的经典重印版。[①] 该版本可在网站免费下载。

该书第一部分主要介绍了与英国道路交通史相关的文献著作以及历史档案。值得注意的是，该书所收录文献不限于英文，还有法语和德语文献。[②] 第二部分按地区收集整理了当地的道路交通史文献。在地区划分上，先是全不列颠的道路交通文献，之后是英格兰和威尔士、苏格兰、爱尔兰。每个地区的文献梳理均包括历史概况和管理两方面的内容。其中，历史概况收录了大量原始文献，每项原始文献下均有简短的评述；[③] 管理的内容收录了来自官方的法令、公告等，均为官方法律和政令原始文献。有关伦敦的内容则增添了桥梁与人行道方面的文献。第三部分则按专题收集整理了英国道路交通史文献。这些专题有：公路桥、尘土问题、道路清洁、人行道的种类与材料等。最后是对道路上的交通文献进行了编目，主要收录了议会法令及争议性事件的详情介绍等文献。

该书共300余页，在篇幅上是原有韦布夫妇所编纂的相关著作的10倍左右，极大地扩充了所收录文献数量和种类，因而成为第一部较为完备的英国道路交通史文献编目，为当时方兴未艾的道路交通史学科研究提供了重要的文献学基础。该书的使用方法较为简便，有三种方式供我们找到所需要的书目信息，分别是较为泛用的按目录分类查找、按作者姓名查找

---

① 参见 Dorothy Ballen, *Bibliography of Road-making and Roads in the United Kingdom*, London: Forgotten Books, 2018。

② Dorothy Ballen, *Bibliography of Road-making and Roads in the United Kingdom*, London: P. S. King & Son, 1914, pp. A-B.

③ 例证见 Dorothy Ballen, *Bibliography of Road-making and Roads in the United Kingdom*, London: P. S. King & Son, 1914, p. 36。在《英格兰旅行者指南》(*An Intended Guide, for English Travelers*) 一书的条目下方，附有韦布对该书的评价。

和按照学科类目查找。

该书在北京大学图书馆有收藏。此外，“谷歌图书”和“互联网档案”，亦提供该书 1914 年的原版电子书下载。

五　中世纪晚期近代早期英国农书指南

农书是指与农业生产经营管理等农事活动有关的书籍，农书作家则专注于记载、研究和传播农事活动。在中世纪晚期和近代早期，英国农业生产、经营、管理等都经历了重大变革。由此诞生了一个特定的农书作家群体，他们编纂了大量农书，为我们学习、研究这一时期的英国经济社会史，尤其是农业、农村和农民问题，提供了珍贵的文献。

一般认为，英国最早的农书是 13 世纪由亨利（Sir Walter of Henley, fl. c. 1260）撰写的《农业论》，又称《亨利农书》。[①] 亨利是英国历史上第一位农书作家。16 世纪以后，随着印刷出版业的兴起，农书文献日益增多。到了 18 世纪，英国的农书文献不断涌现，农书作家群体也达到了可观的规模。这与农业学会的兴起密切相关。例如，1724 年苏格兰建立了农业改良者协会，1749 年爱尔兰成立了都柏林学会，1777 年英格兰巴斯与西部学会成立，1784 年苏格兰高地学会成立，1793 年成立了全国性的农业委员会，[②]19 世纪英国的大学开始将农业视作一门实用性的科学而进行讲

① 参见中国农业百科全书总编辑委员会农业历史卷编辑委员会、中国农业百科全书编辑委员会编：《中国农业百科全书・农业历史卷》，北京：农业出版社 1995 年版，第 288 页。

② Donald McDonald, *Agricultural Writers, from Sir Walter of Henley to Arthur Young, 1200-1800*, London: Horace Cox, 1908, “Historical Introduction”, p. 4.

授。在这样的社会历史条件下，农书与农书作家文献整理与研究工作得以兴起。由唐纳德·麦克唐纳（Donald McDonald，c. 1857-1931）编纂出版的《从亨利至阿瑟·杨的农书作家（1200—1800）》成为其中的代表性著作。①

麦克唐纳是一位农作物种子商人兼新闻记者。②除了该文献学著作，他还著有《英国蔬菜和花朵在印度和锡兰》《芳香的花朵和叶子》《我的园艺手册》《水果栽培与利用》等。③

《从亨利至阿瑟·杨的农书作家（1200—1800）》初版于1908年，美国伯特·富兰克林公司曾于1968年重印，2010年和2016年再次被重印。显然，该书已成为学习研究英国农书与农书作家历史的必备参考书。

该书共由四部分组成，包括导论、45位农书作家小传及著述、英国农书文献编目、农书作家人名索引。

在导论中，编纂者不仅阐述了农业在人类历史发展进程中的重要作用，而且梳理了11世纪末到19世纪初英国农书文献发展脉络与农书作家的时代背景变迁，尤其是分析了18世纪农书繁荣、农书作家涌现的原因，以及19世纪英国重视农业科学的氛围等。④

在45位农书作家小传及著述中，以英国历史上首位农书作家亨利开

① 参见 Donald McDonald, *Agricultural Writers, from Sir Walter of Henley to Arthur Young, 1200-1800*, London: Horace Cox, 1908。

② Ray Desmond, *Dictionary of British and Irish Botanists and Horticulturists including Plant Collectors, Flower Painters and Garden Designers*, London: Taylor & Francis, 1994, p. 450.

③ 参见 Donald McDonald, *English Vegetables and Flowers in India and Ceylon*, London: Haddon, 1890; Donald McDonald, *Sweet-scented Flowers and Fragrant Leaves*, London: S. Low & Co., 1895; Donald McDonald, *My Garden Companion*, London: H. Virtue & Co., 1902; Donald McDonald, *Fruit Culture and Utility*, London: R. Hayes, 1924。

④ Donald McDonald, *Agricultural Writers, from Sir Walter of Henley to Arthur Young, 1200-1800*, London: Horace Cox, 1908, "Historical Introduction", pp. 1-5.

篇，以 18 世纪农业改革家和农书作家阿瑟·杨（Arthur Young，1714—1820）为终篇。[①] 每篇小传在简要介绍传主生平之后，重点介绍传主所撰写的农书，并附有每篇农书的封面和主要内容页。

在英国农书文献编目中，按时间顺序依次列出了 13 世纪到 1800 年间英国历史上的农书文献。每部文献均标出了文献的作者、文献标题、出版地或印刷地、出版年份或印刷年份等版本版权情况。

最后是农书作家人名索引，按文献作者姓氏字母顺序排列。

该书的使用方法共三种。第一种方法，读者可以直接依据 45 位农业作家的姓名查找他们的相关文献。第二种方法是利用英国农业文献编目查找相关文献。第三种方法是按照人名索引查找相关文献。

目前，国内暂无图书馆收藏该书。读者可通过“互联网档案”下载到该书的 1908 年版本。

---

① Donald McDonald, *Agricultural Writers, from Sir Walter of Henley to Arthur Young, 1200-1800*, London: Horace Cox, 1908, pp. 6-11, pp. 190-195.

第五章　疾病、医学与社会救助专题

一　英国疾病史文献指南

疾病史是医疗社会史研究的重要分支学科。“疾病的产生具有深刻而丰富的社会文化背景，对社会文化史的完整解读也离不开疾病史的注解。医生是最早的疾病史研究者，其目的是记录和分析病因与疗法。”[①]疾病史研究兴起于20世纪初，至20世纪70年代，疾病史研究趋于成熟。迄今笔者尚未见到集中研究英国疾病史的文献学著作。然而，詹姆斯·斯图亚特·奥尔森（James Stuart Olson）的癌症史研究文献学著作值得关注。

奥尔森与疾病史研究结缘颇为传奇。他出生于美国，曾在萨姆休斯顿州立大学工作。奥尔森大部分时间主要从事历史学研究和教学工作，1988年至今他还长期担任该校历史系主任，从事行政管理事务。另外，1996年至今他被聘任为新药学院讲师。[②]他一生著述颇丰。据统计，在1970年至2008年间，他撰写出版论著19部；在1985年至2002年间，他编辑出版

① 白爽：《聚焦欧美疾病史研究的社会价值》，《中国社会科学报》2019年11月25日。

② Lisa Kumar ed., *The Writers Directory*, 2011, Vol. 2, New York: St. James Press, 2010, p. 1779.

辞典、百科全书 20 部。这些成果主要涉及美国史。此外，奥尔森还在癌症史文献学方面作出了较为突出的贡献。1989 年他编纂的《癌症史附注文献目录》出版。[①] 该文献学著作对英国疾病史研究具有重要参考价值。

让人不无疑惑的是，奥尔森作为一位美国现代史学者，为何会涉足疾病史文献学领域呢？对于这一问题，我们可以从他编纂的那部癌症史文献学著作的前言中找到答案。诚如奥尔森所言，他因身染重疾，深受癌症病痛折磨，在 M. D. 安德森医院和休斯顿肿瘤研究所进行了长达 8 年的放射性治疗，最终却不得不做右臂切除手术。在癌症治疗过程中，他常常对医用词汇和技术术语的具体内涵不甚了了，对相关治疗更是深感困惑。因此，他便产生了了解和认识疾病医用术语历史起源的强烈愿望，这就是作者编纂那部癌症史文献学的初衷。

在编纂癌症史文献目录过程中，奥尔森查阅了近 3000 项相关研究成果，并参考了美国国家图书馆每年编撰的医学史文献目录。

奥尔森编纂的《癌症史附注文献目录》由正文和索引两大部分组成。其中，正文部分包括五大部分内容。第一部分是历史背景方面的文献，分为通史、癌症专家、历史人物等内容。第二部分则集中于癌症病因方面的文献，主要包括癌变、流行病学、病理学、研究与控制、肿瘤转移等内容。第三部分主要介绍恶性疾病，包括骨骼、大脑和神经系统、胸部、胃肠道、妇科、头部和颈部、心脏与肺、白血病、淋巴瘤、皮肤、软组织肉瘤、泌尿道、内分泌肿瘤等内容。第四部分是关于诊断和治疗的，包括诊断、手术、放射疗法、化学疗法、激素疗法、免疫疗法、极端疗法等内容。第五部分介绍临床治疗与服务，主要涉及临床服务、癌症研究机构等内

① 参见 James Stuart Olson comp., *The History of Cancer:An Annotated Bibliography*, New York: Greenwood Press, 1989。

容。该文献的索引是由作者索引和主题索引构成的。

从总体上看，奥尔森的这部癌症史文献学著作的特色与价值主要体现在以下几点。首先，他在历史背景部分从医学史、癌症专家、历史人物三个方面详细地梳理了有关癌症的历史文献。其次，他在对癌症史文献进行整理和编纂的过程中，对每一种文献都进行了历史阐述与解读，较为系统地描述了文献的基本内容，在很大程度上降低了查找有关文献的难度。疾病医学术语过于专业，给研究者带来了不小的阻碍，也时常令医疗史研究者望而却步。奥尔森的这部文献则为疾病史研究者提供了了解和查找文献的便捷方式，对疾病史研究的开展多有助益。

目前，中国国内能够看到的英国疾病史文献学著作较少。国家图书馆外文资源库收藏了奥尔森的那部著作。此外，值得参考的有关文献学著作还有：四川大学图书馆收藏的阿瑟·L. 布卢姆菲尔德编纂的《内科疾病精选文献目录》，中国香港大学图书馆收藏的 J. B. 基尔伯特编纂的《疾病与命运：医学参考文献目录》等。①

二　英国医学史与医疗社会史文献指南

英国医学史研究兴起较早，至少可以追溯到 17 世纪。不过，那时的医学史研究是医学家的工作。到了 20 世纪中后期，医学史转向医疗社会史，才发展成为历史学的分支学科。医疗社会史，又称医学社会史，是

① 参见 Arthur L. Bloomfield, *A Bibliography of Internal Medicine Select Diseases*, Chicago: The University of Chic, 1960; J. B. Gilbert, *Disease and Destiny: A Bibliography of Medical References to the Famous*, London: Dawsons of Pall Mall, 1962。

“西方学术界近50年中发展起来的新学科，这一学科借鉴社会学的理论与方法，来探讨历史上疾病、医疗及相关问题”[1]。医疗社会史打破了传统生物医学史研究模式的局限性，把医学和医疗活动放在社会历史大背景下进行考察，突出了其社会性、历史性和整体性。1970年英国医学社会史学会的成立，标志着医学社会史学科的诞生。国际学术界有关英国医学史与医疗社会史的成果十分丰富，有关的文献学著作也颇为可观。在这里，我们按照时间顺序，进行简要梳理，以供学习研究者参考。

较早涉及英国医学史的文献学著作，是由加里森（Fielding H. Garrison，1870—1935）于1913年编纂出版的《医学史导论》。[2]加里森出生于华盛顿，曾任约翰霍普金斯大学医学史讲师以及韦尔奇医学图书馆的馆员。他的《医学史导论》初版之后，直至2015年，历经百余年仍不断再版。可见其影响深远。该书旨在为从事医学史研究者提供文献基础，不仅梳理了医学发展史上的文献，而且对具体医学发展的主题提出了自己的观点，明确区分了学术观点与医学事实。更有价值的是，他汇集了对医学发展作出重大贡献的医师和医学家的生平、医学成就、学术著作等。加里森的文献学著作为其后医学史和医疗社会史的开展奠定了重要的文献学基础。

继加里森之后，莫顿（Leslie Thomas Morton，1907—2004）为英国医学史与医疗社会史文献学的进一步发展起到了重大作用。

1923年莫顿在伦敦大学学院的医学图书馆开始了他的职业生涯。1933年进入英国皇家医学会。1935年成为圣托马斯医院的医学院图书

① 徐浩、侯建新：《当代西方史学流派》，北京：中国人民大学出版社2009年版，第297页。

② 参见 Fielding Hudson Garrison, *An Introduction to the History of Medicine: With Medical Chronology, Suggestions for Study and Bibliographic Data*, New York: W. B. Saunders Company, 1913。

馆馆员。1944 年任职于英国文化协会医学部，两年后在英国医学杂志社工作，直至 1959 年。此后，他在国家医学研究所图书馆担任图书馆馆员一职，直至退休。退休后，莫顿仍担任英国医学研究生联合会（British Postgraduate Medical Federation）图书馆顾问。他一生与医学图书馆结下了不解之缘，他也是成就斐然的医学史文献学者。他著述丰富，其中，代表性著作有：1934 年出版的《如何利用医学图书馆》[①]，1989 年出版的《医学与生物医学文献学目录》[②]，1997 年他与罗伯特·莫尔共同编纂的《医学与相关学科的年代学》[③]，等等。然而，令莫顿一举成名的著作则是他与加里森在 1943 年编纂出版的《医学文献学》。[④] 这本书成为英国医学史与医疗社会史领域不可或缺的重要工具书。该书可以说是对以往医学史研究文献的集大成者。全书共收录 6080 个条目，按照医学分支学科，以不同的医学主题对医学史文献进行分类汇编，在每个主题之下则按照时间顺序介绍不同时代的原始文献和研究性论著，每项文献均详细介绍了文献作者姓名、生卒年月以及相关重要医学名词术语等信息。为了便于读者使用，该书的人名索引和主题索引，也非常有参考价值。

到了 20 世纪 60 年代，随着医疗社会史的兴起，相关的文献学著作也不断增多。布雷克（John B. Blake）与查尔斯·鲁斯（Charles Roos）共

① 参见 L. Morton, *How to Use A Medical Library*, London: William Heinemann Medical Books Ltd., 1934。

② 参见 L. Morton and R. J. Moore, *A Bibliography of Medical and Biomedical Bibliography*, London: Scholar Press, 1989。

③ 参见 L. Morton and R. J. Moore, *A Chronology of Medicine and Related Sciences*, Aldershot: Ashgate, 1997。

④ 参见 Garrison and Morton, *A Medical Bibliography: A Check-list of Texts Illustrating the History of the Medical Sciences*, North Haverhill: Grafton & Co., 1943。

同编纂的《医学参考著作（1679—1966）：文献选编》[①]，成为英国医疗社会史不可或缺的文献学参考书。该书共分全科医学、医学史、医学专题等三大部分，共计2703个条目。该书在编纂时重视文献的考证和准确性，关注医学问题的社会背景，并倡导社会学、人类学等跨学科研究。尽管它并非专论英国医疗社会史文献，但仍是推动英国医疗社会史研究的重要文献学著作。

1992年罗伽尔（Samuel J. Rogal）的《从王政复辟至19世纪大不列颠医学附注文献目录（1660—1800）》[②]，则是英国医疗社会史文献学的重要代表性成果。该书汇编了1660年至1800年间英格兰、苏格兰、爱尔兰和威尔士出版的医学及健康方面的图书文献，总计超过了2000本。这一时期是英国传统医学走向现代科学医学的关键时期，英国出现了众多杰出的医学家和医师。以往尽管有一些学者尝试对这一时期的医学史文献进行梳理，但罗伽尔的这部著作最为系统完整。全书共分24章，其内容涵盖了普通外科、传染病、感冒、发烧、痛风、泌尿系统的疾病、癌症、肿瘤、溃疡等疾病和医学分支。其学术价值主要体现在：其一，首次系统汇编了17至18世纪英国的重要医学文献。其二，编者采用了18世纪的分类标准，将2000余本著作划归为24章，分门别类地介绍不同医学分支的重要文献。其三，该文献目录结构和内容的安排体现了18世纪时期医学领域职业的划分，有助于了解当时医疗发展概况。其四，该书的文献目录是建立在众多权威工具书与数据库基础之上，包括《国民传记辞

① 参见 John B. Blake and Charles Roose, *Medical Reference Works, 1679-1966: A Selected Bibliography,* Chicago: Medical Library Association, 1967。

② 参见 Samuel J Rogal comp., *Medicine in Great Britain from the Restoration to the Nineteenth Century, 1660-1800: An Annotated Bibliography,* New York: Greenwood Press, 1992。

典》(*DNB*)、《大英人物传》(*The Biographia Britannica*)、罗伯特·瓦特(Robert Watt)的《大英图书集》(*Bibliotheca Britannica*)、《大不列颠知名文学与科学人士》(*Eminent Literary and Scientific Men of Great Britain*)等，从而保证其内容的准确性与权威性。因而，有学者视之为“查阅18世纪医学原始文献的入门书”[①]。可见该书的重要性。

此外，主要着眼于医学史上有贡献的医生和医学研究者的医学家传记，也是英国医疗社会史的重要组成部分。迄今为止，我们尚未见到英国医学家传记通史著作，也未见到英国医学家传记文献学方面的专题著作。不过，约翰·西尔利(John Thearle)1997年编纂完成的《医学史与传记文献目录》[②]，值得参考。

西尔利是一名澳大利亚医生与医学史研究者，就职于昆士兰州南布里斯班的马特儿童医院(Mater Children’s Hospital, South Brisbane, Queensland)，同时也是昆士兰大学儿童保健系(Department of Child Health, University of Queensland)的教授，专精于儿科和医学史。该书共分为36章，正文共收录相关文献637部。该书所收录的原始文献以1800年为界，分前后两个阶段。前一阶段以原始文献为主，后一阶段则以二手文献为主。几乎在该书的每一章中均有医学传记类书籍收录。此外，该书还附有“医学史文献书目和期刊列表”(List of Bibliographies and Periodicals in Medical History)以及作者和主题索引。

《医学史导论》在国内各图书馆无收藏，但可在“互联网档案”下载。

---

① Susan Lawrence, “Book Review: Medicine in Great Britain from the Restoration to the Nineteenth Century, 1660-1800: An Annotated Bibliography by Samuel J. Rogal”, *Isis*, Vol. 84 (1993), p. 198.

② 参见 M. John Thearle comp., *A Bibliography of Medical History and Biography*, Department of Paediatrics and Child Health in The University of Queensland, 1997。

《医学文献学》《医学参考著作（1679—1966）：文献选编》均在中国国家图书馆有收藏。《医学史与传记文献目录》主要涉及澳大利亚昆士兰大学图书馆收藏的有关医学史与医学传记文献，是由昆士兰大学儿童保健系内部发行的。该书仅此一版，没有任何其他版本存世，但该书的电子版资源已由昆士兰大学图书馆数字化并可免费下载。[①]

三 英国酒精饮料史文献指南

酒精在人类历史上的作用不可低估。酒精饮料史是经济社会史的重要内容之一，尤其是在消费史中占有举足轻重的地位。然而，人们对酒精饮料史的研究不多，对英国酒精饮料史的研究也比较少。在 20 世纪 70 年代之前，英国酒精饮料史研究还停滞不前，直到布莱恩·哈里森（Brian Harrison）撰写的《饮品与维多利亚时代的人们：英格兰的禁酒问题（1815—1872）》出版[②]，英国酒精饮料史研究才开始兴起。哈里森把酗酒问题作为历史研究话题展开专题研究，促进了酒精饮料史研究的深入，使其在学术界首次获得了严肃的学术地位。此后，一大批相关论著如雨后春笋般涌现。[③]到了 20 世纪末，首部重要的英国酒精饮料史文献学著作正

---

① UQ Library, " A Bibliography of Medical History and Biography : Being A Short List of Items Held in the Collection of the University of Queensland Library" ,10/23/2019, https://espace.library.uq.edu.au/view/UQ:357371.

② 参见 Brian Harrison, *Drink and the Victorians: The Temperance Question in England, 1815-1872,* Staffordshire: Keele University Press, 1971。

③ Joan E. Frame, *Alive and Lively, 100 Years Later: A Centennial Report of the National Temperance Hospital, 1873-1973,* London: University College Hospital, 1973; Mark Girouard, "Pubs with No Beer: The Victorian Coffee Public House" , *Country Life*, Vol. 9 (Oct. 1975), pp. 926-928.

式面世。这就是大卫·W. 古茨科（David W. Gutzke）的《从罗马时代到1996年不列颠群岛的酒精饮料附注文献目录》。[①]

该书作者古茨科于1972年在威斯康星大学密尔沃基分校获外科学士学位（BS），1974年获历史学硕士学位，1982年在多伦多大学获英国史博士学位。1985年至今，古茨科一直在美国密苏里州立大学任英国近现代史教授，专门研究英国酒精饮料史。他曾担任美国酒精和毒品历史学会会长、北伊利诺斯大学出版的《毒品与酒精：有争议的历史》咨询委员会委员等社会职务。他著述丰硕，除了那本附注文献目录之外，他的主要著作还有：《走进英国路旁餐馆：1925—1955年的饮品、行车方式和跳舞》[②]、《约翰·皮尔斯和1870—1930年伦敦大众食品市场的兴起》[③]、《1852—1945年英国的政治、社会与帝国》[④]、《20世纪初以来英国外出饮酒的女性》[⑤]、《酒吧与开明人士：重塑1896—1960年的英国酒馆》[⑥]、《英国和跨国进步主义》[⑦]、《保护酒吧：酿酒师和酒店老板抵制禁酒》[⑧]等。

---

① 参见 David W. Gutzke, *Alcohol in the British Isles from Roman Times to 1996: An Annotated Bibliography*, Westport Conn.: Greenwood Press, 1996。

② 参见 David W. Gutzke, *The Roadhouse Comes to Britain: Drinking, Driving and Dancing, 1925-1955,* London: Bloomsbury Publishing, 2014。

③ 参见 David W. Gutzke, *John Pearce and the Rise of the Mass Food Market in London, 1870-1930,* Cham: Palgrave Macmillan, 2019。

④ 参见 David W. Gutzke, *British Politics, Society and Empire, 1852-1945: Essays in Honour of Trevor O. Lloyd,* London and New York: Routledge, 2017。

⑤ 参见 David W. Gutzke, *Women Drinking out in Britain Since the Early Twentieth Century,* Manchester: Manchester University Press, 2013。

⑥ 参见 David W. Gutzke, *Pubs and Progressives: Reinventing the Public House in England, 1896-1960,* DeKalb: Northern Illinois University Press, 2006。

⑦ 参见 David W. Gutzke, *Britain and Transnational Progressivism,* New York: Palgrave Macmillan, 2008。

⑧ 参见 David W. Gutzke, *Protecting the Pub: Brewers and Publicans Against Temperance,* Woodbridge: The Boydell Press, 1989。

古茨科在《从罗马时代到1996年不列颠群岛的酒精饮料附注文献目录》的前言中指出，学术界缺乏对饮料或饮料生产行业的学术梳理，这表明该领域未得到充分发展，尤其是忽视了女性和中世纪的人们对酒精饮料消费情况的研究。[①]接着，该著作详尽地收集和整理了英国酒精饮料史研究的各种文献，可谓是一部百科全书式的大辞典。该著作结合社会学、人类学、建筑学、考古学、政治学、地理学和经济学等多学科研究方法，参考了图书、论文集、研究生学位论文、郡史、文献辞典等大量丰富的文献资料。此外，该著作还利用了论文与普通文献数据库、现代语言协会数据库、国际论文文摘数据库和社会数据库等四大数据库，参考了《人文指数》《经济史评论》《维多利亚时代研究》《皇家历史学会会刊》等期刊文章。其文献选取标准要求符合以下一项或多项条件：两页或两页以上的历史内容；独特性；大量使用原始文献；提供足够的历史评论等。

该附注文献目录收纳了从罗马时期到20世纪末的全部不列颠群岛酒精饮料史文献资料，苏格兰和爱尔兰也被包括在内。全书共分为21个章节，收录了2200个词条，每个词条的主体内容都是与章节标题相关联的参考文献，每项参考文献都给出了完整的版权信息，并对其内容和历史价值予以简明概述。此外，该书还给出了一些专业缩略语及其相对应词语的全拼，具有重要的参考价值。

虽然该著作对于英国酒精饮料史研究很有帮助，但也存在着一些不足之处。一方面，该著作只收录了二手文献，原始文献并未收录。古茨科对此解释说，之所以将原始文献排除在外，取决于该著作的初衷，而且也是限于篇幅。另一方面，他忽略了那些被认为缺乏重要历史意义的当代作

① 参见 David W. Gutzke, *Alcohol in the British Isles from Roman Times to 1996: An Annotated Bibliography*, Westport Conn.: Greenwood Press, 1996, “Preface”。

品，如阿尔弗雷德·多纳德对维多利亚时代的酿酒和蒸馏酒行业的研究，这似乎应被纳入该书的范围之内，但并未见收录。

总之，古茨科编纂的这部英国酒精饮料史文献学著作，对推动英国经济社会史研究走向深入，具有重要的学术价值。尤其值得注意的是，在梳理英国酒精饮料史研究文献的基础上，他向学者们提供了一系列有待研究的课题，如饮酒习惯的长期变化情况，酗酒的象征作用和公众对其看法，1918 年以后的酗酒情况及禁酒游说群体的活动，对风靡一时的苹果酒严格限制情况，政府政策对人均酒精饮料的消费、醉酒、公众健康和生育的影响，饮酒、社交和其他休闲习惯之间的关系，等等。

该著作在中国国家图书馆有收藏。

四　英国兽医史文献指南

在工业革命之前，家畜尤其是大型家畜是重要的机械动力来源，人畜关系也是英国经济社会史的重要研究领域。随着工业革命的兴起，家畜的地位和作用发生了改变，但畜牧业的重要性并没有降低。相应地，兽医学及兽医史也就显得相当重要了。

不过，在 18 世纪以前，英国并没有科学的兽医学和专职的兽医群体。当兽医学成为一门科学之前，人们往往把家畜疾病视为上帝对人类罪孽的惩罚，绝望的人们求助于咒语、护身符和占星术来给家畜治病。其中，马匹与经济、社会和军事息息相关，所以大部分兽医活动都与照料马匹有关。到了 18 和 19 世纪，交通运输、工业生产甚至军队对马匹的数量和品质都有了更高的要求，同时随着大众娱乐业的兴起，一些动物竞赛如赛马、猎狐等得以兴起。更重要的是，人们对牛奶及牛奶制品需求的增长，极大地推动了兽医学和兽医职业的形成。到了18世纪后期，随着伦敦兽医学院的建立，科学的兽医学和专门的兽医职业有了重要的发展平台。①

1844年，在托马斯·梅耶尔（Thomas Mayer）和他儿子的两代人努力下，正式获得了兽医特许状，兽医被正式承认为一项职业（profession），而皇家兽医学院（Royal College of Veterinary Surgeons）则成为其唯一的协调和监管机构，负责提高兽医职业的地位，并控制兽医教育标准。1888年，约翰·麦克法迪安爵士（Sir John McFadyean）创办了兽医学期刊，引导兽医学走向了成熟，因而被誉为现代兽医学的奠基人。②此后，英国兽医学虽然存在诸多问题，如兽医水平较低、条件差等，但英国的兽医学仍在不断发展，兽医专业化程度不断增强，他们的专业领域也在不断扩大，从军用的马匹和猎狗，到个人家庭宠物等，涵盖甚广。在近现代英国社会，兽医学和兽医职业成为了一个不可或缺的专业和职业。

针对英国兽医学和兽医职业的历史研究工作，早在20世纪初就开始了。然而，直到20世纪末，英国兽医史研究主要关注兽医药剂、医疗技术、重要兽医史人物传记等内容，很少放眼社会大背景，结合社会文化、经济、政治等条件，去展开兽医社会史研究。英国兽医史研究者限于兽医学者，很少有历史学者关注。③因此，从经济社会史角度展开英国兽医史

---

① Joanna Swabe, *Animals, Disease and Human Society*, London and New York: Routledge, 1999, pp. 67-68.

② Malinda Larkin, “Exacting researcher brought profession into modern age”, Apr. 18, 2011, https://www.avma.org/javma-news/2011-05-01/exacting-researcher-brought-profession-modern-age.

③ Joanna Swabe, *Animals, Disease and Human Society*, London and New York: Routledge, 1999, pp. 8-9.

研究仍有广阔的发展空间。

帕梅拉·亨特（Pamela Hunter）所著的《兽医学史料指南》，[①] 则是我们进一步展开英国兽医史研究的重要参考书。

亨特曾担任档案保管员。在威康信托基金会（Wellcome Trust）资助下，她在 1999 年至 2001 年间为英国企业档案委员会（the Business Archives Council）建立了兽医史数据库。这为英国兽医史的发展奠定了坚实的文献基础，甚至对未来的几代学者都将有着不可估量的好处。正是在这一数据库的基础上，她编纂了那本史料指南。

学者们对该指南的评价很高。例如，有学者认为，该指南涵盖的史料范围非常广泛，不仅囊括了延续两个世纪的英国兽医职业及其机构的记录，还包括更古老的蹄铁业记录（farriery records）和药物配方，突出了该职业与农业、医学和药学的历史联系。[②] 当今人们对动物学的知识日益关注。动物不仅与自然有着紧密的联系，而且关乎全人类的生命安全和身体健康，所以伴随着社会变革，人们有关动物的医学知识也在不断增加，对动物的关注度也急剧上升。正如库特在该书前言中所说的那样，动物及其与人类的关系已经成为当今社会的头条新闻。[③] 因此，有学者认为，该指南的出版将有力推动英国兽医史研究，是及时的，也是无价的；它所涵盖的大量原始档案成为一种独特的学术资源，对未来几代的历史学家将有不可估量的好处。[④] 从总体上看，国内外学术界集中于英国兽医史研究题

---

① 参见 Pamela Hunter, *Veterinary Medicine: A Guide to Historical Sources*, Burlington: Ashgate, 2004。

② Abigail Woods, "Book Reviews: Veterinary Medicine: A Guide to Historical Sources" , *Medical History*, Vol. 50 (Jan. 2006), p. 137.

③ 参见 Pamela Hunter, *Veterinary Medicine: A Guide to Historical Sources*, Burlington: Ashgate, 2004, "Foreword" 。

④ 参见 Pamela Hunter, *Veterinary Medicine: A Guide to Historical Sources*, Burlington: Ashgate, 2004, "Foreword" 。

材的专著和论文寥寥无几，而使用大量一手资料者更是少之又少，因此，该指南的学术价值非常高。

该指南虽是该领域最为权威和最新的文献学研究成果，但它也存在一些不足：首先，亨特没有提及1999年以后的作品，这是一个比较大的遗漏，不利于研究者了解该领域的最新学术动态。其次，该指南的第三部分列出的参考文献带有选择性且数量少，诸如全国农民联合会（National Farmers' Union）、班格尔或怀河农业部（the Agriculture Department of Bangor or Wye）、动物健康研究所（Institute for Animal Health）等机构的资料并未列出。瑕不掩瑜。该指南仍是英国兽医史研究的重要参考书。

《兽医学史料指南》在中国国家图书馆有收藏。

五　英国药学与制药史文献指南

药学史研究兴起于20世纪初，有关药学史文献学著作也随之兴起。相应的制药史文献研究也取得了重大进展。其中，药学史文献著作以爱德华·克雷默（Edward Kremers，1865—1941）的《药学史学习研究者文献指南》值得关注。[①] 有关制药史的文献学著作则以《制药业：历史档案指南》为主。[②]

---

① 参见 Edward Kremers, *A Bibliographic Guide for Students of the History of Pharmacy*, Wisconsin: University of Wisconsin, 1916。

② 参见 Lesley Richmond, Julie Stevenson and Alison Turton eds., *The Pharmaceutical Industry: A Guide to Historical Records*, Burlington: Ashgate, 2003。

克雷默较早系统地梳理了药学史研究的相关成果。尽管该著作并非局限于英国药学史，但对我们展开英国药学史研究而言，至今仍具有重要指导意义。

作为德裔美国人，克雷默出生于美国威斯康星州的密尔沃基市。1884年，在费城药学院学习。1888年，前往德国波恩，师从著名化学家奥托·瓦拉赫（Otto Wallach）攻读研究生学位。1890年，他被聘为威斯康星大学药学院讲师，负责药剂实验室的工作。1892年，受聘为威斯康星药学教授、系主任，1935年卸任。1941年7月9日去世，享年76岁。

克雷默一生主要从事药学研究和教学工作。与乔治·厄当（George Urdang）共同推动了药学院教育改革，将药学课时增至两学年中三个完整学期，同时倡导在四年本科课程中增加药学课程以供选修。克雷默对传统药学教育提出了挑战，大力宣扬其倡导的公共药学教育精神。他指出，传统药学院以大量招收学生来稳定财政收入，造成了学位的恶性增加，使拥有贩售苏打水和雪茄经验之类者都能获得博士学位；药学院学生的入学条件应与大学的其他学科一样，培养终身学习能力，以体现大学教育的真正价值。在担任药学院系主任期间，克雷默进一步加强了威斯康星药学本科生毕业的要求。

克雷默是药学史学科的开创者。在1892年美国药学协会大会上，他曾呼吁："在我们这个实用主义至上、物欲横流的时代，虽然在大学和学院的课程中，历史几乎无人问津，但是各个专业的学生应该对其专业的历史有基本的了解。"[①] 在1902年的美国药学协会年会上，克雷默与其他学者共同发起建立了药学史常设委员会（Standing Committee on Historical

① Dennis B. Worthen, "Edward Kremers (1865-1941): Pharmaceutical Education Reformer", *Journal of the American Pharmacists Association*, Vol. 45, No. 4 (2005), p. 519.

Pharmacy）并提出了组织召开年会的倡议。最终，克雷默被推举为药学史常设委员会主席，后来又被推选为美国药学协会历史学家。在克雷默和相关人士的推动下，1941 年，美国药学史学会（American Institute of the History of Pharmacy，AIHP）成立。

《药学史学习研究者文献指南》主要内容共计七部分。第一部分为序言。第二部分则交代了药学史相关术语。第三部分是药学分类。第四部分为文献目录，主要为药学通史类著作。第五部分是关于古代药学，主要包括埃及、希腊和罗马药学的文献整理与研究。第六部分则是中世纪药学，其中还涉及中世纪阿拉伯人的药学文献。第七部分为现代药学史，主要为意大利、法国、德国、英国、美国等相关文献。

这部文献学著作特色与价值在于：一方面，系统地梳理了从古代药学到现代药学方面的相关文献。另一方面，详细地探讨了药学的分类方法。在借鉴以前分类方法的基础上，作者按照古代、中世纪与现代的历史分期方法，来编排不同时期的药学史文献，充分体现了其历史意识。

关于制药史文献学著作，《制药业：历史档案指南》具有代表性。[①]

英国制药业滥觞于 17 至 18 世纪，当时有一批人开始从事专门的药物配制工作，药剂师（druggists）这一新兴职业由此出现。1841 年英国制药业协会建立。英国制药业的先驱和巨头多是该协会会员。[②] 然而，有关英国制药史的文献学著作直到 1988 年才面世。这就是《英国化学工业档案目录（1750—1914）》。[③] 在此基础上，《制药业：历史档案指南》得以

① 参见 Lesley Richmond, Julie Stevenson and Alison Turton eds., T*he Pharmaceutical Industry: A Guide to Historical Records*, Burlington: Ashgate, 2003。

② Royal Pharmaceutical Society of Great Britain, "History of the Society", 04/30/2020, https://www.rpharms.com/about-us/history-of-the-society.

③ 参见 Peter Morris, John Graham Smith and Colin Archibald Russell, *Archives of the British Chemical Industry, 1750-1914: A Handlist,* Faringdon: British Society for the History of Science, 1988。

编纂出版。后者正是以前者为蓝本，甚至在每处细节和索引上都遵循了前者，但后者更具有专业针对性，是一部真正的英国制药史文献学著作，它的篇幅更长，涵盖档案范围更广，尤其是制药团体相关档案更加丰富。[①]

主要作者莱斯利·利奇蒙（Lesley Richmond），曾任苏格兰商业史中心副主任，负责掌管苏格兰商业档案，并担任格拉斯哥大学档案室主任、高级研究员等。2017 年利奇蒙教授在格拉斯哥大学退休。

该著作是由英国惠康基金会（Wellcome Trust）资助，并于 1995 年至 1997 年在企业档案委员会（Business Archives Council）的组织下，对自药剂师时代至现代跨国企业的英国制药业的商业档案进行了整理和总结。该著作将英国制药业档案界定为任何生产、配制或凭处方出售主要供人使用的医药制剂、成药（非处方药）、麻醉药或盖仑制剂的企业或公司档案。因而，该著作是具有商业性质的英国制药业历史档案指南，而非历史研究文献汇编。[②]其中汇集了英国各地的有关档案包括毒药登记簿（poison registers）、药品交易记录、贸易组织和药理学教研室记录、进口记录、处方书、药典[③]、一般性商业文件和公共机构所持有档案等。此外，还有传单和其他广告单、有关商标和专利的法律文件，以及日记和其他个人记录等。

值得注意的是，该著作开篇是英国药史学家胡安妮塔·伯恩比（Juanita Burnby）和 T. A. B. 科里（T. A. B. Corley）的两篇论文，简明扼要地介绍了英国制药业的历史脉络。随后，杰弗里·特威德（Geoffrey Tweedale）阐述了英国制药业历史档案的起源及其保存的历史，并介绍了

① Peter Morris, "A Review for the Pharmaceutical Industry:A Guide to Historical Records", *the British Journal for the History of Science*, Vol. 39, No. 1 (Mar. 2006), p. 144.

② Lesley Richmond, Julie Stevenson and Alison Turton eds., *the Pharmaceutical Industry: A Guide to Historical Records*, Burlington: Ashgate, 2003, p. 61.

③ 例如，《爱丁堡药典》（*Edinburgh pharmacopoeia*）等。

该书使用的制药档案范围、影响因素以及查找这些档案的方法和获得途径等内容。[①]

学者们对该著作的评价很高，如有的美国学者认为，“任何从事英国制药业历史研究者都必须阅读这本书，英国以外的研究型图书馆都应该考虑购买这本书，我们应为美国未曾编纂出版类似的著作而感到遗憾”[②]。然而，该著作也存在一些有待完善之处：以年代为顺序列出的20部制药法没有给出相应的法律参考文献；所列出的参考文献带有选择性，诸如都柏林药典等文献未包括在内；所列出的相关的制药业术语范围有限（只有75个），而且有一些术语释义不太准确；利用的网络资源有限。确实，正如作者在前言中所说的那样，该著作真正的价值在于鼓励人们在以前未知但可能令人兴奋的领域中寻找新的研究方向。[③]其更深层次的意义在于：“鼓励保存商业档案，并推动商业史研究。”[④]这正是英国经济社会史文献学的重要内容。

目前，中国国内可以通过https://books.google.com网站下载克雷默编纂的《药学史学习研究者文献指南》，但国内各大图书馆尚未见有收藏。《制药业：历史档案指南》一书则在中国国家图书馆、华东师范大学图书馆、厦门大学图书馆均有收藏。

---

① Lesley Richmond, Julie Stevenson and Alison Turton eds., *the Pharmaceutical Industry: A Guide to Historical Records*, Burlington: Ashgate, 2003, pp. 17-48.

② Gregory J. Higby, “A Review for the Pharmaceutical Industry: A Guide to Historical Records”, *Isis*, Vol. 96, No. 1 (March 2005), p. 160.

③ Glenn Sonnedecker, “A Review for the Pharmaceutical Industry: A Guide to Historical Records”, *Pharmacy in History*, Vol. 46, No. 3 (2004), p. 136; Peter Morris, “A Review for the Pharmaceutical Industry: A Guide to Historical Records”, *The British Journal for the History of Science*, Vol. 39, No. 1 (Mar. 2006), p. 145.

④ Glenn Sonnedecker, “A Review for the Pharmaceutical Industry：A Guide to Historical Records”, *Pharmacy in History*, Vol. 46, No. 3 (2004), p. 135.

六　英国失业救济历史文献指南

一般而言，失业与失业救济是伴随着工业革命而产生的新的社会现象。作为世界上首个实现工业化的国家，英国的失业与失业救济值得关注。这也是英国经济社会史学习研究者关注的重要领域。

19 世纪英国经济危机频发，失业人数不断增长。然而，英国仍按照 16 世纪以来的济贫法实施失业救济。这种制度的社会历史局限日益明显，尤其是其救济渠道狭窄、救济人员数量少。① 因而难以有效应对大规模失业以及由此引发的社会问题。1905 年 11 月，阿瑟·詹姆斯·贝尔福（Arthur James Balfour，1848—1930）领导的保守党政府设立济贫法和贫困救济皇家调查委员会，旨在调查济贫法实施情况。②1909 年 2 月，该调查委员会公布了一份长达 47 卷的调查报告。由于委员会成员之间的分歧，这份报告实际上由两方面内容组成：一方面是由 14 名委员签名的所谓多数派报告，另一方面是比特里斯·韦布（Beatrice Webb，1858—1943）、乔治·兰斯伯里（George Lansbury，1859—1940）、弗朗西斯·钱德勒（Francis Chandler，1849—1937）和亨利·拉塞尔·韦克菲尔德（Henry Russell Wakefield，1854—1933）提出的所谓少数派报告。③

正是在上述背景下，曾任伦敦政治经济学院图书馆高级学生助理的芬妮·伊莎贝尔·泰勒（Fanny Isabel Taylor）开始收集整理英国失业救济

---

① 丁建定：《英国济贫法制度史》，北京：人民出版社 2014 年版，第 246 页。

② Michael E. Rose, *The Relief of Poverty, 1834-1914*, Basingstoke and London: Macmillan Educational Ltd., 1986, p. 41; Bryan S. Green, *Knowing the Poor: A Case-study in Textual Reality Construction*, London: Routledge & Kegan Paul, 1983, “Introduction” , p. 1.

③ Michael E. Rose, *The Relief of Poverty, 1834-1914*, Basingstoke and London: Macmillan Educational Ltd., 1986, p. 42.

历史文献，1909 年正式出版了《失业与失业者历史文献编目》。[①]

该书是当时的历史文献丛书之一。该丛书主要由伦敦政治经济学院的学生编写。时任伦敦经济学院院长威廉·彭伯·里夫斯（William Pember Reeves，1857—1932）担任了该丛书的主编。[②]《失业与失业者历史文献编目》初次出版之后，1969 年由美国伯特·富兰克林出版公司再版。2009 年和 2015 年被再版并数据化。在内容上，再版的诸多版本均与初版完全相同。

当时的社会改革家悉尼·韦布（Sidney Webb，1859—1947）为该书撰写了前言。他在前言中指出，“首先，该书供济贫法和贫困救济皇家调查委员会的成员阅读；其次，该书供国家推动济贫法废除委员会研究部使用”[③]。韦布的这一说法受到当时学界的批评，认为他只是重申了济贫法和贫困救济皇家调查委员会少数派报告的主张，“把一本有用的科学著作变成了政治宣传册”[④]。可见，一部文献学著作也有可能被卷入政治纷争。

从内容上看，该书收录了近 800 项有关图书、报告、宣传册、文章等文献。这些文献大部分来自英国政治科学图书馆（the British Library of Political Science），其出版地大部分为英国，少数为法国、德国、意大利和美国等，因而在语种上大部分为英文文献，只有少量地使用法文、德文等语种的文献。该书所收录的文献涵盖了 18 世纪至 20 世纪初相关的出版物。

① 参见 Fanny Isabel Taylor ed., *A Bibliography of Unemployment and the Unemployed*, London: P. S. King & Son, 1909。

② Anon., “Review: A Bibliography of Unemployment and the Unemployed by F. Isabel Taylor”, *Journal of Political Economy*, Vol. 18, No. 2 (February 1910), pp. 153-154.

③ Fanny Isabel Taylor ed., *A Bibliography of Unemployment and the Unemployed*, London: P. S. King & Son, 1909, “Preface”, p. v.

④ Anon., “Review: A Bibliography of Unemployment and the Unemployed by F. Isabel Taylor”, *Charity Organisation Review*, Vol. 27, No. 162 (June 1910), p. 331.

该书出版后，至少有四家期刊刊登了书评。[①]有学者认为，“所有致力于探讨失业问题的学生都应该对该书感兴趣”[②]。不过，正如韦布在该书前言中所指出的那样，该书还不够系统全面，只是学习研究英国失业救济历史的入门书。[③]其使用方法共两种。第一种方法是，读者可按照该书正文前的分类提要查找相关文献。第二种方法是，读者可按著者索引查找相关文献。

目前，国内暂无图书馆收藏该书。不过，可借助“互联网档案”从网络下载到该书的 1909 年版本。

① Anon., “Review: A Bibliography of Unemployment and the Unemployed by F. Isabel Taylor”, *Journal of Political Economy*, Vol. 18, No. 2 (February 1910), pp. 153-154; Margrieta Beer, “Review: A Bibliography of Unemployment and the Unemployed by F. Isabel Taylor”, *The Economic Journal*, Vol. 20, No. 7 (March 1910), p. 83; Anon., “Review: A Bibliography of Unemployment and the Unemployed by F. Isabel Taylor”, *Charity Organisation Review*, New Series, Vol. 27, No. 162 (June 1910), p. 331; Jean Lescure, “Review: A Bibliography of Unemployment and the Unemployed by F. Isabel Taylor”, *Revue d'économie politique*, Vol. 24 (1910), p. 674.

② Margrieta Beer, “Review: A Bibliography of Unemployment and the Unemployed by F. Isabel Taylor”, *The Economic Journal*, Vol. 20, No. 7 (March 1910), p. 83.

③ Fanny Isabel Taylor ed., *A Bibliography of Unemployment and the Unemployed*, London: P. S. King & Son, 1909, “Preface”, p. v.

第六章　城市工商业、市场与国家专题

一　英国工商企业史文献指南

企业史（business history）是英国经济社会史的重要组成部分。在美国企业史学家格拉斯（N. S. B. Gras）等人的影响下，英国一些学者和企业家为应对世界范围内的经济大萧条，1934 年建立了企业档案委员会（Business Archive Council，BAC）。这为英国企业史文献的收集整理与研究提供了重要平台。

从最初编纂企业档案目录，到 1945 年以后开始建立专门的图书馆、举办企业史学家和档案学家年度会议，1958 年还创办了《企业史》（*Business History*）学术期刊，20 世纪 70 年代开始资助企业史著作出版，该平台不仅推动了英国企业史文献学的发展，而且还为巩固和扩展企业史研究发挥了积极作用。[①]20 世纪 70 年代末，英国设立了首位企

① Francis Goodall, *A Bibliography of British Business History*, Aldershot: Gower, 1987, "Introduction", pp. 1-2.

业史教授。[①] 然而，英国企业史文献学与企业史研究长期以来沉溺于个案细节研究，缺乏对英国企业史的发展主线和全局的把握。因此，在英国的大学里，企业史长期受到经济史学科的排斥，英国没有专门的企业史学会，而且仅有两个专门的研究中心：一个是 1979 年成立的伦敦经济学院企业史研究小组，由英国首位企业史教授莱斯利·汉纳（Leslie Hannah，1947— ）带领。[②] 另一个是格拉斯哥大学的经济史系和该大学档案馆。格拉斯哥大学是英国最先开展企业史研究的大学，始于 1960 年彼得·佩恩（Peter Payne）带领团队展开苏格兰西部企业公司个案研究。[③]

随着英国企业史研究的展开，企业史文献学建设日益急迫，自 1959 年起，《企业史》期刊开始报道企业史研究动态。[④] 这为英国企业史文献整理与研究奠定了重要基础。在此基础上，英国首部企业史文献学著作《英国企业史文献编目》于 1987 年问世。[⑤]

该文献编目的作者是英国企业史学家弗朗西斯·古多尔（Francis Goodall，1931— ）。他曾在天然气行业工作，1984 年加入伦敦经济学院企业史研究小组，1993 年博士毕业于伦敦政治经济学院。他曾参与《牛津

---

① Roy A. Church, “Business History in Britain”, *Journal of European Economic History*, Vol. 5, No. 1 (1976), p. 209.

② Francis Goodall, *A Bibliography of British Business History*, Aldershot: Gower, 1987, “Introduction”, p. 2.

③ Francis Goodall, *A Bibliography of British Business History*, Aldershot: Gower, 1987, “Introduction”, pp. 1-2.

④ Francis Goodall, *A Bibliography of British Business History*, Aldershot: Gower, 1987, “Introduction”, p. 1; Roy A. Church, “Business History in Britain”, *Journal of European Economic History*, Vol. 5, No. 1 (1976), p. 209.

⑤ 参见 Francis Goodall, *A Bibliography of British Business History*, Aldershot: Gower, 1987。

国民传记辞典》和《企业传记辞典》的撰写。[①] 除了该文献编目之外，他还著有《世界企业史文献编目》《为服务而燃烧：在竞争激烈的市场上销售天然气》等。[②]

该文献编目共分为五部分，包括绪论、前言和使用者指南、作者索引、公司索引以及行业分类索引。其中，绪论部分由伦敦经济学院企业史小组的杰弗里·琼斯（Geoffrey Jones）、霍纳桑·利博瑙（Jonathan Liebenau）、大卫·杰瑞米（David Jeremy）和理查德·达文波特-海因斯（Richard Davenport-Hines）共同撰写，梳理了英国企业史的性质、研究状况和研究方法等。前言和使用者指南部分说明该书的基本框架和使用方法，明确指出该书收录的文献主要涉及19世纪和20世纪英国的企业。从文献的来源上看，该书所收录的文献来自企业档案委员会图书馆、伦敦政治经济学院图书馆和布里斯托尔大学图书馆等机构。值得注意的是，该书单独列出了使用者指南，详细说明了该书的使用方法，并列出了英国行业分类标准。[③]

结合使用者指南部分的内容，《英国企业史文献编目》可以归纳为三种使用方法：可以利用作者索引查找相关文献，也可以利用公司索引查找相关文献，还可以利用行业分类标准索引查找相关文献。

---

① 参见 David J. Jeremy ed., *Dictionary of Business Biography: A Biographical Dictionary of Business Leaders Active in Britain in the Period 1860-1980*, 5 vols., London: Butterworths, 1984-1986; John Orbell, Richard Storey and Francis Goodall, comps., *Business History Explorer: Bibliography of UK Business and Industrial History*, Suffolk: Tailor's End Press, 2012, "Notes on Editors" , p. vii。

② 参见 Francis Goodall, Terry Gourvish and Steven Tolliday eds., *International Bibliography of Business History*, London and New York: Routledge, 1997; Francis Goodall, *Burning to Serve: Selling Gas in Competitive Markets*, Ashbourne: Landmark Publishing, 1999。

③ Francis Goodall, *A Bibliography of British Business History*, Aldershot: Gower, 1987, "Preface and User's Guide" , pp. 11-16.

继古多尔之后，一些学者又先后出版或再版了多部英国企业史文献学著作。例如，约翰·奥贝尔（John Orbell，1950— ）的《英国企业史探究指南》[①]，史蒂芬妮·扎拉奇（Stephanie Zarach）的《德布雷特英国企业史文献编目》[②]、《英国企业史文献编目》[③]，约翰·奥贝尔的《英国企业史探究指南》再版[④]。英国企业史文献学已经相当成熟。在此基础上，2012年编纂出版的《企业史探险者：英国工商业史文献编目》则标志着英国企业史文献学研究进入了大数据时代。[⑤]

该书是对企业史探险者（Business History Explorer, BHE）数据库的概述。BHE数据库是英国工商企业史在线文献编目数据库，于2012年11月首次发布，其目标是帮助企业史研究者查找特定行业、企业的历史档案文献。[⑥]该书编纂者有三位，除了古多尔，还有约翰·奥贝尔和理查德·阿莱克·斯托里（Richard Alec Storey，1937— ）。

奥贝尔是英国企业档案管理员兼企业史学家，曾在约克大学和诺丁汉大学学习，其专业为经济学和经济史，1977年毕业于诺丁汉大学，获博士学位。他曾长期担任巴林兄弟银行（Baring Brothers Bank）的档案管理员，并长期担任企业档案委员会的理事。[⑦]他撰写的著作还有《企业档案

① 参见 John Orbell, *A Guide to Tracing the History of a Business*, Aldershot: Gower, 1987。

② 参见 Stephanie Zarach ed., *Debrett's Bibliography of British Business History,* Basingstoke: Macmillan, 1987。

③ 参见 Stephanie Zarach ed., *British Business History: A Bibliography*, Basingstoke and London: Macmillan, 1994。

④ 参见 John Orbell, *A Guide to Tracing the History of a Business*, Chichester: Phillimore & Co. Ltd., 2009。

⑤ 参见 John Orbell, Richard Storey and Francis Goodall, comps., *Business History Explorer: Bibliography of UK Business and Industrial History*, Suffolk: Tailor's End Press, 2012。

⑥ John Orbell, Richard Storey and Francis Goodall, comps., *Business History Explorer: Bibliography of UK Business and Industrial History*, Suffolk: Tailor's End Press, 2012, "Introduction", p. v.

⑦ John Orbell, Richard Storey and Francis Goodall, comps., *Business History Explorer: Bibliography of UK Business and Industrial History*, Suffolk: Tailor's End Press, 2012, "Notes on Editors", p. vii.

的使用》《英国银行业历史档案指南》等。①

斯托里是一位英国历史学家兼档案管理员。1963 年至 1973 年间，他曾任职于历史手稿委员会。1973 年，华威大学图书馆创办了现代档案中心，他从 1973 年至 1997 年间一直担任该机构的档案保管员。②曾任《企业档案委员会会刊》编辑，并担任《英国档案资源指南》一书的顾问编辑。③

截至 2018 年底，BHE 数据库已收录大约 50000 项英国企业史文献。这些文献包括中世纪以来已出版文献、未出版的学位论文及其他手稿文本等，但未收录英国皇家历史学会年度文献编目中的有关文献。目前，BHE 数据库的内容仍在不断更新，文献数量也在不断增加。BHE 数据库是在古多尔 1987 年编纂出版的《英国企业史文献编目》基础上建成的。2006 年至 2012 年，在古多尔的帮助下，奥贝尔和斯托里完成了 BHE 数据库的初步建设。④同时，英国企业档案委员会为该 BHE 数据库的开发提供了资金支持，并在其网站上专门设立了 BHE 数据库的主

---

① 参见 John Orbell, *The Uses of Business Archives*, London: Business Archives Council, 1983; L. S. Pressnell and John Orbell, *A Guide to the Historical Records of British Banking*, Aldershot: Gower, 1985; John Orbell and Alison Turton, *British Banking: A Guide to Historical Records*, Aldershot: Ashgate, 2001; John Orbell and Alison Turton, *British Banking: A Guide to Historical Records*, New York: Routledge, 2017; John Orbell, *A Guide to Tracing the History of a Business*, Aldershot: Gower, 1987; John Orbell, *A Guide to Tracing the History of a Business*, Chichester: Phillimore, 2009。

② John Orbell, Richard Storey and Francis Goodall, comps., *Business History Explorer: Bibliography of UK Business and Industrial History*, Suffolk: Tailor's End Press, 2012, "Notes on Editors", p. vii.

③ 参见 Janet Foster and Julia Sheppard eds., *British Archives: A Guide to Archive Resources in the United Kingdom*, Basingstoke and New York: Palgrave, 2002。

④ John Orbell, Richard Storey and Francis Goodall, comps., *Business History Explorer: Bibliography of UK Business and Industrial History*, Suffolk: Tailor's End Press, 2012, "Introduction", p.v; Business History Explorer: "About", 11/10/2019, https://www.businesshistoryexplorer.co.uk/about.

页链接。[①]

2012年编纂出版的《企业史探险者：英国工商业史文献编目》主要是为了推广BHE数据库，全书共有三部分，包括导论、编者说明和正文。导论部分比较详细地介绍了BHE数据库的情况，以及该书与BHE数据库之间的关系。编者说明部分介绍了该书三位编者的情况。正文则是英国企业史文献编目，每项文献都标注了六类信息：工商企业名称、文献作者、文献标题、文献日期、文献页数和企业部门详细信息。

《英国企业史文献编目》在中国国家图书馆、南开大学图书馆、天津师范大学欧洲文明研究院专业图书馆等地均有收藏。《企业史探险者：英国工商业史文献编目》一书在国内各图书馆均无收藏。不过，本书编写团队已从国外购得。

二　英国银行保险业历史文献指南

英国的银行业是随着中世纪的贸易活动对贷款需求日益增长而发展起来的。犹太人曾经是英国人最重要的放款人。后来意大利商人取代了犹太人的地位，14世纪早期意大利商人在英格兰从事的贷款活动开始受到限制，其角色也被英格兰的商人和金匠所取代。1694年英格兰银行成立，成为英国银行保险业史上的标志性事件。除了英格兰银行之外，类似的银行机构也随后在苏格兰和爱尔兰发展起来，如1695年成立了苏格兰银行。1815年拿破仑战争结束后，由于实行重返金本位制度，引起货币币值波

① John Orbell, Richard Storey and Francis Goodall, comps., *Business History Explorer: Bibliography of UK Business and Industrial History*, Suffolk: Tailor's End Press, 2012, "Introduction", p. v.

动，结果引发一系列经济危机。为了稳定货币，1844 年英国颁布了《银行特许状法》。[①] 英格兰银行被赋予监督纸币发行和监督银行系统活动的职能。1845 年苏格兰和爱尔兰也确立了对银行业务实施监管的制度。此外，英国地方银行也日益集中，到 1980 年英国地方银行业主要有巴克莱银行、劳埃德银行、米德兰银行和国民威斯敏斯特银行。[②]

针对英国银行业的历史研究很早就开始了，相关的文献学著作也较早得以编纂出版。最初人们的目光集中于英格兰银行，如由托马斯·阿瑟·斯蒂芬斯（Thomas Arthur Stephens，1852—1925）1897 年编纂出版的《英格兰银行文献编目》就具有代表性。[③] 该文献编目收录了有关英格兰银行起源、管理、重要人物、制定法列表、银行信息数据、财务账簿、议会文件等多种文献。最后是 1694 年以来英格兰银行的编年纪事。

20 世纪以后人们的视野逐渐打开，出现了有关英国银行整体行业的历史文献学著作。其中，有两部著作具有代表性，分别是：莱斯利·普莱斯内尔（Leslie Pressnell）于 1985 年编纂出版的《英国银行业历史档案指南》[④] 与约翰·欧贝尔（John Orbell）于2001 年编纂出版的《英国银行业：历史档案指南》[⑤]。

普莱斯内尔曾在伦敦政治经济学院阿什顿（T. S. Ashton）教授的指

① The Bank Charter Act 1844 ,7 & 8 Vict. c. 32.

② John Cannon ed., *A Dictionary of British History*, Oxford: Oxford University Press, 2009, p. 60.

③ 参见 Thomas Arthur Stephens, *A Contribution to the Bibliography of the Bank of England*, London: Effingham Wilson & Co., 1897。

④ 参见 Leslie Pressnell, *Guide to the Historical Records of British Banking*, Aldershot: Gower Publishing Ltd., 1985。

⑤ 参见 John Orbell, Alison Turton, *British Banking: A Guide to Historical Records*, Aldershot: Ashgate, 2001。

导下，先后获得硕士学位和博士学位，并成为研究工业革命这一领域的著名学者，1960 年开始在伦敦政治经济学院任教，曾与日本经济学家和银行家建立联系，并于 1973 年共同编辑出版了《日本的钱币与银行》。[①]他曾组织建立了伦敦经济学院金融史研究小组，并被国有化工业特别委员会（Select Committee on Nationalised Industries）任命为专家顾问调查英格兰银行状况。20 世纪 70 年代受内阁办公室 (the Cabinet Office) 委托撰写战后英国对外经济史，1986 年《战后对外经济政策》第一卷正式出版。他还曾在城市大学任教，把货币史引入课堂，使其成为一门重要的课程。他曾参与企业档案委员会（Business Archives Council）工作。1988 年，为了纪念他 65 岁生日，他的学生出版了《钱币与权力：纪念普莱斯内尔论文集》学术文集。[②]

普莱斯内尔的《英国银行业历史档案指南》首先给出了明确的历史档案使用指南，包括英国银行业历史档案资源概况、英国银行业的作用与结构、历史档案文献的查阅和使用等。接着是英国各银行历史档案列表，收录了英国每家银行的地理位置、历史简介、历史档案名称和档案所在地等方面的内容。最后是文献编目，包括一般性著作、每家银行的历史、重要银行家传记等内容。

欧贝尔的《英国银行业：历史档案指南》则更进一步扩充了普莱斯内尔所编纂指南的内容。首先概述了英国银行业的历史脉络。接着，重点介绍了英国银行业历史档案情况，编写了更为详细的使用者指南。在主体

---

① The Telegraph, " Leslie-Pressnell", 11/20/2019, https://www.telegraph.co.uk/news/obituaries/culture-obituaries/books-obituaries/8788010/Leslie-Pressnell.html.

② 参见 P. L. Cottrell, D. E. Moggridge, *Money and Power: Essays in Honour of L. S. Pressnell,* London: The Macmillan Press Ltd., 1988。

内容上，不仅对英国银行历史档案进行了细致的编目，而且收录了银行与银行家协会档案目录。此外，附有缩略语表。目前该书共有两个版本，2001 年由阿什盖特公司（Ashgate）首次出版，2017 年劳特利奇公司（Routledge）再版，但内容相同。

银行与保险均为金融业的重要组成部分。英国保险史文献学著作不多见，目前仅见科克雷尔（H. A. L. Cockerell）主编的《英国保险史（1547—1970）》。[①] 该书梳理了英国保险业自 1547 年到 1970 年间的沿革，并按照海险、火险、寿险、意外保险以及英国保险的财务体制等类型进行较为细致深入的分类和归纳；最后附有保险历史档案文献索引。[②] 该书已有中文译本。[③] 具体内容不再赘述。

以上四部有关英国银行保险业历史文献著作，国家图书馆、复旦大学图书馆、中山大学图书馆、厦门大学图书馆等均有收藏。

三　英国城市与地方郡史文献指南

城市史与地方郡史是指以研究城市与地方郡为中心的历史，其中包括城市史与地方郡史两大类。城市史研究是历史研究新兴研究领域，它是随着城市化的进程加快而发展起来的，其主要研究城市的起源、发展、嬗变

① 参见 Hugh Anthony Lewis Cockerell, Edwin Green, *The British Insurance Business 1547-1970: An Introduction and Guide to Historical Records*, London: Heinemann Educational Books, 1976。

② 参见［英］H. A. L. 科克雷尔、埃德温·格林：《英国保险史（1547—1970）》，邵秋芬、颜鹏飞译，武汉：武汉大学出版社 1988 年版。

③ 参见［英］H. A. L. 科克雷尔、埃德温·格林：《英国保险史（1547—1970）》，邵秋芬、颜鹏飞译，武汉：武汉大学出版社 1988 年版。

以及这一进程中出现的各类问题。[①]地方郡史是主要针对英国各郡进行记载与研究。

城市史文献编目的编纂工作出现在20世纪60年代，吉姆·迪罗斯(Jim Dyros)和戴维·里德(David Reeder)在60年代的《城市史通讯》(*Urban History Newsletter*)杂志发表了一系列的城市文献目录。20世纪70年代初期，托尼·萨克利夫(Tony Sutcliffe)设计了城市文献编目的主要类别，这一分类方法一直延续至今。在此期间，以皮埃尔·科斯塔(Pierre Costa)和斯图尔特·布鲁明(Stuart Blumin)为代表的北美和法国史学家对国际城市史的文献编目也作出了贡献。90年代，莱斯特大学(Leicester University)经济社会史领域的尼尔·雷文(Neil Raven)、露西·费尔(Lucy Faire)、尼尔·伍德(Neil Wood)等人承担起了每年城市文献编目的工作。

1974年，《城市史年鉴》(*Urban History Yearbook*)开始公开发行，在1974年到1991年期间，《城市史年鉴》每年均会出一版最新的城市史文献书目列表，总共有18卷。其中城市史文献目录代表著作是《城市史综合参考书目》。[②]这本书的城市文献资料来源主要以这18卷的《城市史年鉴》文献书目为主。该书的编者是英国莱斯特大学经济社会史高级讲师(Senior Lecturer)理查德·罗杰(Richard Rodger)。

关于地方郡史主题最早出版的文献编目是《地方郡文献目录指南》，[③]其作者是阿瑟·汉弗莱斯(Arthur Lee Humphreys，1865—1946)，

① 参见[英]诺尔曼·庞兹：《中世纪城市》，刘景华、孙继静等译，北京：商务印书馆2015年版，“弁言”，第i页。

② 参见Richard Rodger, *A Consolidated Bibliography of Urban History*, Aldershot: Scolar Press, 1996。

③ 参见Arthur Lee Humphreys, *A Handbook to County Bibliography: Being a Bibliography of Bibliographies relating to the Counties and Towns of Great Britain and Ireland*, London: 187 Piccadilly, 1917。

代表著作有：《皮卡迪利书商：哈查德故居的回忆》①、《萨默塞特郡教区全部地区历史参考手册》②、《萨默塞特郡卷宗》③、《惠灵顿城镇历史研究方法》④等。

其中，《地方郡文献目录指南》内容丰富，作者编排此书不是为了编纂一本单个城镇和教区的历史文献目录，而是试图在此基础上提供英国每个区域更为翔实的研究文献资料。作者为此查阅了英国博物馆档案、郡古物协会会刊，还有大量没有公开出版的文献编目著作。该书除了较为常见的图书以外，还有叙事诗（Ballads）、平面印刷品（Broadsides）、通俗读物（Chap-books）、报纸、地图、画像（Portraits）等文献类型。该书除了罗列具体的文献资料以外，还列出了关于郡、城镇与教区的文献学著作，可以方便读者进一步研究。通过该书目录可以得知，该书共罗列了 130 个具体地方区域的历史文献。除此之外书末还罗列了英格兰、苏格兰与爱尔兰整体地区文献。⑤1917 年该书第一版本出版，1974 年再版，2012 年重印。

除了综合类的地方郡文献目录以外，还有各个郡的文献目录汇编图书，其中以《埃塞克斯郡文献编目》为代表。⑥埃塞克斯是英国的一个郡。

---

① 参见 Arthur L. Humphreys, *Piccadilly Bookmen: Memories of the House of Hatchard*, London: Hatchards, 1893。

② 参见 Arthur L. Humphreys, *Somersetshire Parishes: A Handbook of Historical Reference to all Places in the County*, London: 187 Piccadilly. W., 1905。

③ 参见 Arthur L. Humphreys, *The Somerset Roll: An Experimental List of Worthies Unworthies and Villains Born in County,* London: Stangeways, 1897。

④ 参见 Arthur L. Humphreys, *The Materials for the History of the Town of Wellington, co. Somerset,* London & Wellington: Henry Geay & Tozer & Gregory, 1889。

⑤ 参见 Arthur Lee Humphreys, *A Handbook to County Bibliography: Being A Bibliography of Bibliographies relating to the Counties and Towns of Great Britain and Ireland*, London: 187 Piccadilly. W., 1917。

⑥ 参见 Beryl A. Board, *A History of the County of Essex,* Oxford: Oxford Universiry Press, 2000。

本卷与1955年出版的埃塞克斯郡文献编目、1987年的第一增补卷共同构成了埃塞克斯维多利亚郡史，该书的编纂与出版受到了埃塞克斯维多利亚郡史委员会、伦敦大学等多家组织机构的帮助与支持。本部增补卷文献类型延续了第一部增补卷的形式，主要包括图书、文章、宣传册、文献学著作等多种文献类型。与之前不同的是，本卷增补卷涵盖了议会制定法等有关埃塞克斯地区的法律编年。大部分的图书与宣传册均可在埃塞克斯郡图书馆、埃塞克斯档案馆、伦敦市图书馆找到原本。

此外，重要建筑、河流与某些重大历史事件有密切联系，其中以威斯敏斯特大教堂、泰晤士河为典型代表。这类主题内容也被归入城市与地方郡史中。《泰晤士河综合文献编目，1580—1980》① 的作者是本·科恩，代表著作有：《特拉华河与河坝文献编目选编1600—1999》《河流与克莱德湾文献编目选编1514—1993》。《威斯敏斯特大教堂文献目录》② 的作者是托尼·克劳尔斯，他是威斯敏斯特大教堂图书管理员，代表著作《威斯敏斯特大教堂的珍藏品》③。

《威斯敏斯特大教堂文献目录》这本文献目录提供了威斯敏斯特大教堂及与其有密切关系的威斯敏斯特学校、圣玛格丽特教堂两个机构的文献资料。该书的资料囊括了这三个机构从10世纪到20世纪末期，总共包括了2000年之前出版的3394种文献，这些文献类型主要有图书、宣传册、

① 参见 Ben Cohen, *The Thames, 1580-1980: A General Bibliography*, New Castle: Oak Knoll Press, 2008。

② 参见 Tony Trowles comp., *A Bibliography of Westminster Abbey: A Guide to the Literature of Westminister Abbey, Westminster School and St Margaret's Church Published Between 1571 and 2000*, Woodbridge: The Boydell Press, 2005。

③ 参见 Tony Trowles, *Treasures of Westminster Abbey*, London: Scala Publishers Ltd., 2011。

期刊论文、纪念文集上的个人作品、硕博论文等。[①] 该书也是为数较少的关于教堂历史的文献编目，所以具有重要的意义与地位。该书主要按照主题来编排。在每个主题下，参考作品按照出版时间由远到近依次排序，可以使读者了解学术界针对这个问题研究的大致发展过程。在每本书的条目下列出了不同版本，供读者参考。通过阅读该文献目录，可以了解英国城市、地方郡、威斯敏斯特大教堂、泰晤士河等地的源流、现状以及前景。不仅是历史学研究人员研究英国地方史必备书籍，也为想了解英国城市与地方文化的爱好者提供了一份参考指南。

《城市史综合参考书目》在中国国家图书馆等地有收藏。《地方郡文献目录指南》在英国国家图书馆等地有收藏。《埃塞克斯郡文献编目》在北京大学图书馆、中国国家图书馆等地均有收藏。《泰晤士河综合文献编目，1580—1980》在中山大学图书馆等地有收藏。《威斯敏斯特大教堂文献目录》在中国国家图书馆等地有收藏。

四 英国铁路史文献指南

铁路史（railway history）是英国经济社会史的重要研究领域。1948年英国铁路国有化后，回顾铁路历史变成英国社会的普遍兴趣。英国铁路作家卡斯波特·汉密尔顿·埃利斯（Cuthbert Hamilton Ellis，1909—1987）引领了这种潮流。他撰写了超过 30 本铁路著作。此后英国兴起了

① Tony Trowles comp., *A Bibliography of Westminster Abbey: A Guide to the Literature of Westminister Abbey, Westminster School and St Margaret's Church Published Between 1571 and 2000*, Woodbridge: The Boydell Press, 2005, pp. xix-xxiii.

“铁路图书热”，越来越多的铁路史著作以经济和社会环境及其发展为研究主题。[①]20 世纪 70 年代以后，“铁路图书热”虽然已经衰退，但人们仍然十分关注铁路史。1975 年，英国国家铁路博物馆成立。[②] 这就是英国铁路史文献学著作诞生的时代背景。

英国交通运输史专业学会也对英国铁路史文献指南的编写起到了重要推动作用。1954 年 9 月 4 日，在普雷斯顿举行的一次会议上，铁路和运河历史学会（The Railway & Canal Historical Society）正式成立。在该学会的帮助下，英国图书管理员乔治·奥特利（George Ottley，1916—2006）完成了英国铁路史文献指南的编纂工作。[③] 他曾在伦敦大学学院图书馆、大英博物馆图书馆、莱斯特大学交通史藏书处等单位工作。[④]

《英国铁路史文献编目》共有两个版本。《英国铁路史文献编目》于 1965 年首次出版。1965 年版共收录文献 7950 部，所收录文献出版时间截止到 1963 年末。[⑤]1983 年，《英国铁路史文献编目》由英国皇家文书局再次出版。与 1965 年版相比，1983 年版收录的文献总量未变，但订正了

① Grahame Boyes, Matthew Searle and Donald Steggles, comps., *Ottley's Bibliography of British Railway History, Second Supplement 12957-19605*, York: National Railway Museum, 1998, “Preface”, p. 7.

② George Ottley comp., *A Bibliography of British Railway History*, London: Her Majesty's Stationary Office, 1983, “Complier's Introduction to the Second Introduction”, p. 19; George Ottley comp., *A Bibliography of British Railway History Supplement: 7951-12956*, London: Her Majesty's Stationary Office, 1988, pp. 12-13.

③ Grahame Boyes, Matthew Searle and Donald Steggles, comps., *Ottley's Bibliography of British Railway History, Second Supplement 12957-19605*, York: National Railway Museum, 1998, “Preface”, p. 8.

④ Grahame Boyes, “Obituary”, *Journal of Railway and Canal Society*, Vol. 35, No. 196 (November 2006), p. 436.

⑤ Grahame Boyes, Matthew Searle and Donald Steggles, comps., *Ottley's Bibliography of British Railway History, Second Supplement 12957-19605*, York: National Railway Museum, 1998, “Preface”, p. 7.

1965 年版的一些错误。[①]1988 年，英国皇家文书局出版了 1983 年版《英国铁路史文献编目》的增补本。1988 年增补本是对 1983 年版的补充。该增补本收录文献条目编号范围是 7951—12956，共收录文献 5006 部。该增补本收录了 1964 年至 1980 年末所有已出版的图书、小册子、学术论文等许多类型的文献。这些文献关注的主题是英国公共铁路运输历史。[②]1998 年，英国国家铁路博物馆出版了《英国铁路史文献编目》的第二次增补本。第二次增补本是对 1983 年版《英国铁路史文献编目》和 1988 年增补本的补充。该增补本收录文献条目编号范围是 12957—19605，共收录文献 6649 部。该增补本收录了图书、图书部分章节、小册子、学术论文等类型的文献，文献出版时间段是 1981 年到 1995 年末。这些文献关注的主题是英国公共铁路运输历史。值得注意的是，该增补本是由英国铁路和运河历史学会的成员编写。1965 年版和 1983 年版《英国铁路史文献编目》，以及 1983 年版增补本均由奥特利本人编写。[③]

1983 年版《英国铁路史文献编目》一书分为八部分，包括莱斯特大学历史系教授杰克·西蒙斯（Jack Simmons）撰写的前言、编者奥特利撰写的《英国铁路史文献编目》导论、编者致谢、缩略语目录、文献分类体系概要表、正文、附录和索引。1983 年版的前言部分与 1965 年版的前言部分完全一致。在前言中，西蒙斯教授叙述了较为重要的英国铁路史著作，

---

① Grahame Boyes, Matthew Searle and Donald Steggles comps., *Ottley's Bibliography of British Railway History, Second Supplement 12957-19605*, York: National Railway Museum, 1998, "Preface" , p. 8.

② 参见 George Ottley comp., *A Bibliography of British Railway History Supplement: 7951-12956*, London: Her Majesty's Stationary Office, 1988。

③ Grahame Boyes, Matthew Searle and Donald Steggles comps., *Ottley's Bibliography of British Railway History, Second Supplement 12957-19605*, York: National Railway Museum, 1998, "Preface" , p. 8.

并阐述了该书对英国铁路史研究的重要价值。[1]1983年版导论部分涵盖了1965年版《英国铁路史文献编目》的导论。1965年版导论介绍了《英国铁路史文献编目》收录文献的主题、文献的类型、文献排列方式，以及该书的使用方法。[2]1983年版导论说明了1983年版《英国铁路史文献编目》出版的背景，以及与1965年版之间的差异。[3]编者致谢部分收录了编者1965年版《英国铁路史文献编目》的致谢原文，以及1983年版的致谢。[4]缩略语目录是编者在该书中使用的所有缩略语。这些缩略语都是文献馆藏处和来源地的简称，如AU代表阿伯丁大学、BM代表大英博物馆图书馆等。[5]文献分类体系概要表是读者使用该书的重要工具，1983年版的文献分类体系概要表与1965年版完全相同。全书收录的文献总共分为18类，按照英文字母A至H，K至T排列。[6]

1988年增补本订正了1965年版《英国铁路史文献编目》和1983年版《英国铁路史文献编目》具体文献条目的错误，并撰写了详细的修改说明，同时补充了相关内容，[7]修订了文献分类体系概要表以及按照该分类表列出的增补文献条目。

---

① George Ottley comp., *A Bibliography of British Railway History*, London: Her Majesty's Stationary Office, 1983, "Foreword", pp. 9-10.

② George Ottley comp., *A Bibliography of British Railway History*, London: Her Majesty's Stationary Office, 1983, "Complier's Introduction to the First Edition", pp. 11-18.

③ George Ottley comp., *A Bibliography of British Railway History*, London: Her Majesty's Stationary Office, 1983, "Complier's Introduction to the Second Edition", p. 19.

④ George Ottley comp., *A Bibliography of British Railway History*, London: Her Majesty's Stationary Office, 1983, "Acknowledgements", pp. 21-24.

⑤ George Ottley comp., *A Bibliography of British Railway History*, London: Her Majesty's Stationary Office, 1983, "Abbreviations", p. 25.

⑥ George Ottley comp., *A Bibliography of British Railway History*, London: Her Majesty's Stationary Office, 1983, "Classification Scheme Summary Table", pp. 27-30.

⑦ George Ottley comp., *A Bibliography of British Railway History Supplement: 7951-12956*, London: Her Majesty's Stationary Office, 1988, pp. 31-54.

奥特利编写的1965年版《英国铁路史文献编目》、1983年重印的《英国铁路史文献编目》和1988年增补本，以及铁路和运河历史学会成员编写的1998年增补本构成了系统、全面的英国铁路史文献指南系列著作。[①]可以说，奥特利编写的《英国铁路史文献编目》及其后续出版的两个增补本是英国铁路史研究的必备工具书。

《英国铁路史文献编目》的使用方法共两种，既可以按照文献分类体系概要表查找相关文献，也可按照索引查找相关文献。

除了奥特利编写的《英国铁路史文献编目》以外，《铁路史档案资料指南》[②]也是较为重要的英国铁路史文献指南著作。《铁路史档案资料指南》的作者是克利夫·爱德华兹（Cliff Edwards）。爱德华兹是档案及档案管理学硕士，长期在英国公共档案局任职。他是铁路遗产委员会成员。他的《铁路史档案资料指南》一书于2001年由公共档案局首次出版，是读者指南系列丛书的第23册。

《铁路史档案资料指南》的使用方法共两种。第一种方法，读者可以直接按照目录中正文标题查找相关档案。如读者想了解铁路职员档案的情况，可直接找到正文第五章的内容。[③]第二种方法，读者可依照附录后的索引查找正文的相关内容。如读者想了解内阁办公室档案的情况，可直接依照内阁办公室的关键词，找到正文的第24页、第26页至第35页和第5页。[④]

作为一部档案指南性著作，《铁路史档案资料指南》可以为新的铁路

---

① Cliff Edwards, *Railway Records: A Guide to Sources*, Richmond: Public Record Office, 2001, “Bibliography”, p. 218.

② 参见 Cliff Edwards, *Railway Records: A Guide to Sources*, Richmond: Public Record Office, 2001。

③ Cliff Edwards, *Railway Records: A Guide to Sources*, Richmond: Public Record Office, 2001, pp. 69-88.

④ Cliff Edwards, *Railway Records: A Guide to Sources*, Richmond: Public Record Office, 2001, p. 219.

史研究人员有效利用 PRO 的档案提供帮助。[①] 可以说，《铁路史档案资料指南》是英国铁路史研究的另一必备参考书。《铁路史档案资料指南》和《英国铁路史文献编目》及其增补本是英国铁路史研究的重要参考书。前者侧重档案资料，后者侧重后人著作。两者相辅相成，互为补充。在充分利用两者的基础上，英国铁路史专业研究者必将在该领域取得新的突破。

1965 年版《英国铁路史文献编目》在国内各大图书馆均无收藏。读者可以通过“互联网档案”下载该书 1965 年版。1983 年版《英国铁路史文献编目》在中国国家图书馆和北京交通大学图书馆有收藏。国内暂无机构收藏该书 1998 年增补本。国内收藏 1988 年增补本的机构主要是北京交通大学图书馆。《铁路史档案资料指南》一书在国内无收藏。不过，本书编写团队已经从国外购买到该书。

五　英国注册会计师历史文献指南

注册会计师（chartered accountants）是指“具有一定的会计专业水平，经国家或特定的组织考试或考核合格，由政府制定的机构发给证书，可以接受当事人委托，承办有关会计、审计等方面的业务的会计工作者”[②]。注册会计师协会则是“依法进行行业自律管理的注册会计师和会计师事务所的全国和地区性组织”。世界上最早的注册会计师协会是 1853 年在苏格兰成立的爱丁堡会计师协会（the Institute of Accountants in

① Cliff Edwards, *Railway Records: A Guide to Sources*, Richmond: Public Record Office, 2001, “How to Use this Book”, p. vii.

② 于光远主编：《经济大辞典》，上海：上海辞书出版社 1992 年版，第 1543 页。

Edinburgh），该协会的成立标志着注册会计师职业的诞生。[①] 可以说，对英国注册会计师和注册会计师协会的历史档案进行整理和研究，对厘清世界注册会计师行业的历史具有重要价值。

虽然英国是世界上最早出现注册会计师职业的国家，但是直到 20 世纪 90 年代英国才首次出版了系统研究注册会计师档案的指南。1988 年，英格兰和威尔士注册会计师协会（the Institute of Chartered Accountants in England and Wales）首先意识到需要对会计档案保存情况进行调查。同年 7 月，在收集其所属会计公司的档案时，时任希尔·韦尔科特（现尚特雷·韦尔科特）会计公司高级合伙人约翰·希利尔（John Hillyer）发现许多会计公司的档案已经发生了损坏。因此，他向时任英格兰和威尔士注册会计师协会主席乔克·沃斯利（Jock Worsley）发出调查会计行业档案的倡议。1989 年 10 月，在企业档案委员会（Business Archive Council）和伦敦市政厅图书馆（Guildhall Library）的协助下，英格兰和威尔士注册会计师协会发起了抢救会计档案的计划。许多会计公司都为这项计划提供了资金支持。1991 年 1 月，英格兰和威尔士注册会计师协会任命职业档案管理员温迪·哈布古德（Wendy Habgood）完成这项调查。[②] 哈布古德现任英国克兰菲尔德管理学院博士项目主管。她曾在雷丁大学学习，并获拉丁语荣誉学士学位，也曾在阿伯里斯特威斯大学档案管理专业学习。1990 年 1 月至 2000 年 8 月间，她在英格兰和威尔士注册会计师协会工作，先后任档案管理员、业务联络部主管、国际会员服务部

① 参见谈敏、丛树海主编：《大辞海·经济卷》，上海：上海辞书出版社 2015 年版，第 925 页。

② Wendy Habgood ed., *Chartered Accountants in England and Wales: A Guide to Historical Records*, Manchester and New York: Manchester University Press, 1994, “Foreword” , pp. vii-viii.

主管，2000 年 8 月至今，在英国克兰菲尔德管理学院工作。[①]

正是在上述调查基础上，哈布古德完成了英国首部系统研究英格兰和威尔士注册会计师行业档案的指南。这就是研究英国注册会计师必备的工具书《英格兰和威尔士注册会计师历史档案指南》[②]。

《英格兰和威尔士注册会计师历史档案指南》一书于 1994 年由曼彻斯特大学出版社出版，出版地为曼彻斯特和纽约。该书是英国商业档案研究系列丛书中的一册，该系列丛书由莱斯利・里士满（Lesley Richmond）和艾莉森・特顿（Alison Turton）主编。该书总结了 1991 年和 1992 年会计业档案调查的结果。该书的结构为八部分，包括序言、致谢、"会计行业的起源和演进"、"会计师档案的类型和使用"、"会计业档案概览"、"使用者指南"、与注册会计师档案有关的内容、索引部分。序言部分由时任英格兰和威尔士注册会计师协会主席普莱斯托（W. I. D. Plaistowe）撰写。序言部分叙述了该书的写作背景，概述了该书的主要内容，并称赞了该书的使用价值。[③]

具体而言，"会计行业的起源和演进"一部分内容由彼得・博伊斯（Peter Boys）撰写。该部分内容介绍了会计师行业和注册会计师事务所的发展历程，以此为读者使用相关的档案资料提供必要的背景信息。该部分最后有三个附录，及本部分内容的参考文献。附录 1 是有关不列颠群岛职业会计师机构历史的文献编目。附录 2 是有关不列颠群岛会计师事务所

---

① 哈布古德的个人资料主要根据她在领英（Linkedin）账号上的个人资料整理而成。Linkedin: "Wendy Habgood", 03/12/2019, https://www.linkedin.com/in/wendyhabgood/?originalSubdomain=uk.

② 参见 Wendy Habgood ed., *Chartered Accountants in England and Wales: A Guide to Historical Records*, Manchester and New York: Manchester University Press, 1994。

③ Wendy Habgood ed., *Chartered Accountants in England and Wales: A Guide to Historical Records*, Manchester and New York: Manchester University Press, 1994, pp. vii-viii.

的历史文献编目。附录3是奠基性会计师事务所名单。[①]“会计师档案的类型和使用”一部分内容由博伊斯和哈布古德合作撰写。该部分内容概述了合伙和解散协议、会议纪要等17种类型的档案。[②]“使用者指南”介绍了与注册会计师档案有关的内容编排、相关档案的获取途径，以及可为读者提供帮助的相关机构的地址信息。注册会计师档案相关内容共两部分：第一部分内容是注册会计师事务所档案目录；第二部分内容是英格兰和威尔士注册会计师协会和其组成机构的档案目录。[③]“使用者指南”部分的最后附有注册会计师档案内容使用到的缩略语。

注册会计师事务所档案目录部分记录了182个注册会计师事务所的档案。每个条目下都会标注特定事务所的名称、地址、简史、档案信息等内容。[④]英格兰和威尔士注册会计师协会和其组成机构的档案记录了6所机构的档案信息。[⑤]

该书对致力于探讨会计行业史、企业史、经济史或金融史的学习研究者而言，具有重要的参考价值。对于关注会计行业发展，以及特定会计师事务所历史的研究而言，也具有重要的价值。[⑥]其使用方法有两种，即按照目录查找相关文献，或按书后的索引查找所需文献。

---

① Wendy Habgood ed., *Chartered Accountants in England and Wales: A Guide to Historical Records*, Manchester and New York: Manchester University Press, 1994, pp. 1-63.

② Wendy Habgood ed., *Chartered Accountants in England and Wales: A Guide to Historical Records*, Manchester and New York: Manchester University Press, 1994, pp. 64-72.

③ Wendy Habgood ed., *Chartered Accountants in England and Wales: A Guide to Historical Records*, Manchester and New York: Manchester University Press, 1994, pp. 76-79.

④ Wendy Habgood ed., *Chartered Accountants in England and Wales: A Guide to Historical Records*, Manchester and New York: Manchester University Press, 1994, pp. 81-199.

⑤ Wendy Habgood ed., *Chartered Accountants in England and Wales: A Guide to Historical Records*, Manchester and New York: Manchester University Press, 1994, pp. 201-210.

⑥ Wendy Habgood ed., *Chartered Accountants in England and Wales: A Guide to Historical Records*, Manchester and New York: Manchester University Press, 1994, “Foreword”, p. vii.

该书在国家图书馆和国内各大高校图书馆均无收藏。本书编写团队已经从国外购得。

六 英国图书贸易史文献指南

图书贸易（book trade）由图书实物贸易和图书版权贸易组成。图书实物贸易是一种有形贸易，是将图书作为商品所进行的贸易活动，主要包括图书进口和图书出口。图书版权贸易是一种无形财产贸易，是在版权许可和版权转让过程中产生的贸易行为，主要包括版权引进和版权输出两个方面。[①]1476 年，英格兰才将欧洲大陆的印刷术引进。剧烈的技术和社会变革影响了英国早期图书贸易的发展。[②] 特雷弗・H. 霍华德–希尔（Trevor H. Howard–Hill，1933—2011）撰写的《英国图书贸易历史文献编目（1475—1890）》[③] 是一部回顾近代英国图书贸易史相关文献的指南性著作。

霍华德–希尔是一位英国莎士比亚时期戏剧手稿研究专家和图书史学者，1933 年 10 月 17 日生于新西兰惠灵顿附近的下赫特，1955 年获学士学位，1957 年获硕士学位，1960 年毕业于新西兰惠灵顿维多利亚大学，并获博士学位。他的博士论文研究主题为英国诗人拉尔夫・克兰（Ralph Crane，fl. 1589–1632）和其拼写分析。曾参与《牛津国民传记辞典》部分条目的撰写，1961 年至 1963 年，担任新西兰亚历山大・特恩布尔图书馆编目负责人。他

① 尹章池、张麦青、尹鸿编著：《国际图书与版权贸易》，武汉：武汉大学出版社 2011 年版，第 2 页。

② Trevor H. Howard-Hill, *The British Book Trade, 1475-1890, A Bibliography*, 2 vols., London and New Castle: The British Library and Oak Knoll Press, 2009, “Introduction” , p. xxiii.

③ 参见 Trevor H. Howard-Hill, *The British Book Trade, 1475-1890, A Bibliography*, 2 vols., London and New Castle: The British Library and Oak Knoll Press, 2009。

的研究需要对莎士比亚式的拼写进行艰苦的手工分析，他在惠灵顿的计算机访问权限也比较有限。由于受到牛津大学爱丽丝・沃克（Alice Walker）和堪萨斯大学查尔顿・B. 欣曼（Charlton B. Hinman）的影响，他在1964年移居英国。他首先在伯明翰的莎士比亚学院担任图书管理员，1965年至1970年间，担任牛津大学文学计算研究员。1969年至1973年间，他在牛津大学完成的37卷《牛津莎士比亚语词索引》相继出版。这是其在文学计算领域的突出贡献，也是1979年出版的《文学语词索引手册编写指南与计算机语词索引》一书的写作基础。在沃克的指导下，他撰写了第二篇博士论文，其研究主题为拉尔夫・克兰与五部莎士比亚对开本喜剧。霍华德-希尔关于拉尔夫・克兰的研究为其赢得了声誉。1970年，他被调动到斯旺西大学学院工作，1972年加入美国南卡罗来纳大学，1977年升任全职教授。1989年，他被授予古根海姆研究金奖。直到1999年退休，他一直在该大学工作。[①]

霍华德-希尔最负盛名的著作是其计划花费30年之久撰写的9卷本《英国文学历史文献编目索引》[②]丛书。2009年出版的《英国图书贸易历史

---

① William Baker and Patrick Scott, "Professor Trevor Howard-Hill: Shakespearean Scholar Known for His Pioneering Work in Literary Computing", 11/22/2019, https://www.independent.co.uk/news/obituaries/professor-trevor-howard-hill-shakespearean-scholar-known-for-his-pioneering-work-in-literary-2330687.html.

② 参见 Trevor H. Howard-Hill ed., *Index to British Literary Bibliography, Vol. 1: Bibliography of British Literary Bibliographies*, 2nd Edition, Oxford: Clarendon Press, 1987; Trevor H. Howard-Hill ed., *Index to British Literary Bibliography, Vol. 2: Shakespearian Bibliography and Textual Criticism: A Bibliography,* Oxford: Clarendon Press, 1971; Trevor H. Howard-Hill ed., *Index to British Literary Bibliography, vols. 4-5: Bibliography and Textual Criticism: A Bibliography*, Oxford: Clarendon Press, 1979; Trevor H. Howard-Hill ed., *Index to British Literary Bibliography, Vol. 6: Bibliography and Textual Criticism: A Bibliography, 1890-1969: An Index*, Oxford: Clarendon Press, 1980; Trevor H. Howard-Hill ed., *Index to British Literary Bibliography, Vol. 7, British Literary Bibliography, 1970-1979: A Bibliography*, Oxford: Clarendon Press, 1992; Trevor H. Howard-Hill ed., *Index to British Literary Bibliography, Vol. 8, British Literary Bibliography, 1980-1989: A Bibliography*, Oxford: Clarendon Press, 1999; Trevor H. Howard-Hill ed., *Index to British Literary Bibliography, Vol. 9, British Literary Bibliography, 1980-1989: A Bibliography, Authors*, Oxford: Clarendon Press, 1999。

文献编目（1475—1890）》[①]一书是9卷本《英国文学历史文献编目索引》第3卷，也是最后出版的一卷。除《英国图书贸易历史文献编目（1475—1890年）》一书外，其余8卷《英国文学历史文献编目索引》的总页数约5000页。[②]2011年6月1日，他在美国南卡罗莱纳州哥伦比亚去世。

《英国图书贸易历史文献编目（1475—1890）》一书于2009年由大英图书馆和奥克诺尔出版社联合出版。该书共两卷，并附有光盘。光盘内容为全书的作者索引和主题索引。它是一部大型历史文献编目著作，正文总页数为1776页。霍华德-希尔教授计划撰写《英国文学历史文献编目索引》第3卷时，拟定的书名为“早期英国图书：到1890年的历史文献编目”。2009年出版时，《英国文学历史文献编目索引》第3卷不仅扩充为两卷，而且题名也变更为《英国图书贸易历史文献编目（1475—1890）》。霍华德-希尔教授耗费了大量时间和精力。作者撰写该书的想法源于20世纪60年代初。1999年，在退休后的大部分时间内，他都在从事该书的撰写工作。2007年，他终于完成了该书的撰写工作。在撰写该书的过程中，霍华德-希尔教授曾去过300多个图书馆查阅资料。[③]

该书收录的文献总量超过了24000部，包括涉及作者身份的文献、历史文献编目文献、与书籍收集有关的文献、与书籍插图有关的文献、与书籍销售有关的文献、与审查制度有关的文献、与版权有关的文献、与图书馆有关的文献、与识字有关的文献、与造纸有关的文献、与印刷业有关的

---

① 参见 Trevor H. Howard-Hill, *The British Book Trade, 1475-1890, A Bibliography*, 2 vols., London and New Castle: The British Library and Oak Knoll Press, 2009。

② MacDonald P. Jackson, “Obituary: Trevor H. Howard-Hill”, *Script & Print*, Vol. 35, No. 3 (2011), p. 185.

③ Trevor H. Howard-Hill, *The British Book Trade, 1475-1890, A Bibliography*, Vol. Ⅰ, London and New Castle: The British Library and Oak Knoll Press, 2009, “Preface”, pp. v-vi.

文献、与出版业有关的文献、与文本批评有关的文献、与印刷版面有关的文献。[①] 该书涉及的关键词包括近代英国、图书史和历史文献编目。《英国图书贸易历史文献编目（1475—1890）》一书共五部分，包括前言、绪论、缩略语表和条目参考文献简称代码表、正文和索引。

《英国图书贸易历史文献编目（1475—1890）》是国内外学界出版的首部近代英国图书贸易史和图书史文献编目著作，对图书史学家和技术史学家而言，这部文献指南将会极大地拓展英国图书贸易史的研究。[②] 该书的使用方法有两种，即按照目录查找相关文献，或按照索引查找相关文献。

该书在中山大学图书馆有收藏。

七 议会、发明与专利文献指南

英国议会曾颁布过一系列发明专利方面的法律，相应的司法实践也相当丰富。然而，很少有学者从文献学角度整理和研究这些文献。约翰逊撰写的《议会、发明与专利研究指南和历史文献编目》是首部涉及英国议会专利和发明的文献学著作。[③]

约翰逊是英国加的夫大学商法教授，主要研究专利法、公法和法律

---

① MacDonald P. Jackson, “Obituary: Trevor H. Howard-Hill” , *Script & Print*, Vol. 35, No. 3 (2011), p. 185.

② Trevor H. Howard-Hill, *The British Book Trade, 1475-1890, A Bibliography*, 2 vols., London and New Castle: The British Library and Oak Knoll Press, 2009, “Introduction” , p. xxiii.

③ 参见 Philip Johnson, *Parliament, Inventions and Patents: A Research Guide and Bibliography*, London and New York: Routledge, 2018。

史。[①] 他是知识产权律师事务所的从业律师，也是爱尔兰律师协会、加利福尼亚律师协会、华盛顿特区律师协会、英国特许仲裁员学会、美国律师协会和知识产权律师协会的会员。他曾在杜伦大学学习法律，之后成为英格兰和威尔士的出庭律师。随后，他在伦敦大学玛丽王后学院攻读法学硕士学位和法学博士学位，2005 年，获博士学位，其博士学位论文题目为《国际私法、知识产权和互联网》。他还是欧洲法学会会员、英国皇家历史学会会员和高等教育研究院高级会员。目前担任爱尔兰都柏林大学全职客座教授，曾任巴黎南泰尔大学客座教授，也曾在英国泽西岛法律研究院教授泽西岛宪法。[②]

《议会、发明与专利研究指南和历史文献编目》一书于 2018 年由劳特里奇公司出版。该书共有五部分，包括致谢、缩略语、绪论、正文和索引。作者在该书的致谢部分阐述了写作该书的缘起，并感谢了写作该书时给予帮助的机构和个人。[③] 该书的缩略语部分列出了与议会日志和英国政府部门有关的缩略语。[④] 在绪论部分，作者首先指出，英国议会在专利法发展以及奖励发明者上发挥的重要作用经常被忽视。接下来，作者简要回顾了英国议会和专利法发展的研究状况，并阐述了该书的写作目标和正文的框架结构。作者指出，该书的写作目标是列举基本的英国议会资料，以此让研究者寻找和发现新问题，从而为完善科技史、发明史和专利法历史

---

① Philip Johnson, *Parliament, Inventions and Patents: A Research Guide and Bibliography*, London and New York: Routledge, 2018, p. i.

② Cardiff University, "Professor Philip Johnson", 12/02/2019, 见 https://www.cardiff.ac.uk/people/view/478875-johnson-phillip。

③ Philip Johnson, *Parliament, Inventions and Patents: A Research Guide and Bibliography*, London and New York: Routledge, 2018, "Acknowledgements", p. vi.

④ Philip Johnson, *Parliament, Inventions and Patents: A Research Guide and Bibliography*, London and New York: Routledge, 2018, "Abbreviations", pp. vii-viii.

研究提供帮助。[①]

该书正文可分为八部分。这八部分内容都设有绪论部分，每部分的绪论均简要介绍该部分收录文献的情况以及有关术语。第一部分共三章，收录了公法法律和议案。该部分的绪论前标注了这三章内容收录的公法法律和议案的参考代码。公法法律的代码为 PUBA，公法议案的代码为 PUBB。该部分内容的每项法律或议案下都会标注该法律或议案的参考代码和年份、简称、全称、内容概要、议会上下院日志有关内容、议会辩论、议会公文、关于议会辩论的新闻报道、注解等内容。第一章收录了公法专利法，包括自 1624 年的《垄断法》以来的 43 部法律。第二章收录了具有专利条款的公法法律，包括自 1844 年《审判委员会法》以来的 52 项法律。第三章收录了公法专利议案，包括自 1601 年《专利特许证解释议案》以来的 52 项议案。

第二部分内容共三章，收录了私法法律和议案。该部分的绪论前标注了这三章内容收录的私法法律和议案的参考代码。私法法律的代码为 PRVA，私法议案或通告的代码为 PRVB，议事规则的代码为 PSO。该部分内容的每项法律或议案下都会标注该法律或议案的参考代码和年份、简称、全称、内容概要、相关法律、议会上下院日志有关内容、议会辩论、议会公文、关于议会辩论的新闻报道、相关档案、注解等内容。第一章收录了私法专利法律，其收录了自 1621 年《谴责法》以来的 124 部法律。第二章收录了私法法律和通告，其收录了自 1621 年《亨利・赫伦议案》以来的 154 部法律和公告。第三章收录了上下院的议事规则。其中，上院议事规则共 9 项，下院议事规则 4 项。

---

① Philip Johnson, *Parliament, Inventions and Patents: A Research Guide and Bibliography*, London and New York: Routledge, 2018, “Introduction”, pp. ix-x.

第三部分内容共四章，收录了旧苏格兰议会和旧爱尔兰议会有关专利的法律和法规。其中，与苏格兰议会有关的法律和法规的代码为 SCOT，与爱尔兰有关的法律代码为 IRE。该部分内容的每项法律或议案下都会标注该法律或议案的参考代码和年份、简称、全称、内容概要、相关法律、议会上下院日志有关内容、议会辩论、议会公文、关于议会辩论的新闻报道、相关档案、注解等内容。第一章收录了授予专卖权的苏格兰议会法律，其收录了自 1563 年《盐法》以来的 33 部法律。第二章收录的是苏格兰议会颁布工业品法律，其收录了自 1641 年《工业品法》以来的 98 部法律。第三章收录了其他的苏格兰议会资料。第四章收录了爱尔兰议会议案。

第四部分是英国议会的制定法文件。该部分收录了早期准则、起始准则、专利准则、英格兰和威尔士最高法庭准则、苏格兰法庭准则、爱尔兰最高法庭准则、枢密院准则、专利上诉特别法庭准则、与费用相关的议会制定法文件、专利代理人准则、早期战争立法、第一次世界大战时期的法律、第二次世界大战时期的法律、1843 年至 1913 年间的域外司法管辖权法律、乡村惯例性准则、延期准则、自治领和殖民地适用法律、展览准则、航空器准则等文献。

第五部分内容共两章，收录了英国议会授权的奖励，以及没有获得英国议会授权的奖励请求。其中，议会授权奖励的法律代码为 PRZA，没有获得英国议会授权的奖励请求代码为 PRZC。第一章收录了议会授权奖励的有关法律，共计 45 项。第二章收录了没有获得议会授权的奖励请求，共计 19 项。

第六部分内容共七章，收录了英国议会公文以及政府文件。其中，英国议会报告的代码为 REP，英国议会公文的代码为 PPP，国际性展览报告的代码为 EX，皇家委员会授予发明者奖励报告的代码为 AT，与国际性条约有关的政府文件的代码为 TRE，与英帝国专利提议的政府文件代码为 EMP。第一章收录了英国议会关于专利制度的报告，其收录了自 1829 年《专门委员会报告》以来的 24 项报告。第二章收录了 105 项英国议会公文。第三章收录了英国专利审查人以及专利、外观设计和商标的主审计官的报告。其中，英国专利审查人的报告有 31 项，英国专利、外观设计和商标主审计官的报告有 93 项。第四章收录了 14 项关于国际性展览的报告。第五章收录了 11 项皇家委员会授予发明者奖励的报告。第六章收录了 67 项与国际性条约有关的政府文件。第七章收录了 16 项与英帝国专利提议的政府文件。

第七部分是公共请愿，其代码为 PET，该部分共收录 601 项请愿。

第八部分是英国议会的质询，以及议会辩论和解释，其中质询的代码为 Q，辩论的代码为 DEB。该部分共收录 1112 项质询、579 项辩论和解释。

该书是一部收录从 17 世纪初期至 1976 年与专利和发明有关的英国议会资料的指南性著作，在学习研究英国专利制度、知识产权制度、技术史、法律史、经济史等领域均为必备参考书。[①] 该书的使用方法有两种，即按照总目录并结合各部分的目录查找文献，或者按照索引查找文献。值得注意的是，该书的索引共有 7 种，分别是发明者索引、公司索引、产品索引、议会议员索引、法律索引、判例索引、一般索引等。

《议会、发明与专利研究指南和历史文献编目》在清华大学图书馆和浙江大学图书馆有收藏。

① Rakuten Kobo Inc., " Parliament, Inventions and Patents, A Research Guide and Bibliography" , 12/03/2019, https://www.kobo.com/ie/en/ebook/parliament-inventions-and-patents.

第七章　法人、社会组织与社会治理专题

一　英国公司史档案文献指南

英国公司史档案文献学著作的编纂始于1934年成立的英国企业档案委员会。该委员会在20世纪70年代后期曾计划组织编纂一部迄今尚在营业的注册公司档案文献，得到了多家组织机构的帮助与指导，其中有贸易与工业部的注册公司登记处，该部门提供了1979年之后尚存的1200家古老的注册公司的信息，这些公司大多注册时间在19世纪80年代到90年代。此外，根据公司法的规定，在公司登记处注册的注册公司均有一项法定义务，即向登记处报送其档案和会计簿册。这也为英国公司史档案文献学著作的编纂奠定了基础。

具体编纂工作由莱斯莉·里士满（Lesley Richmond）主持，布里奇特·斯托克福德（Bridget Stockford）也参与编纂。在经历多年的汇集编纂与修改后，这本公司档案指南文献终于在1986年出版，这就是研究公司档案重要的文献——《公司档案：英格兰和威尔士第一批1000家注册

公司档案调查》。[①]

该书共收录了674家公司的档案文献编目。除了这674家公司以外，该书还包括这674家公司的子公司以及有密切关系的合伙企业等总数超过1000家公司的档案记录，所以该书总共包括1600多家公司的档案记录。这些档案分布在900多个不同的地点。[②]许多附属公司或合伙企业起源于17、18世纪，成立的时间要早于他们注册公司登记的时间。从地理分布来看，有三分之一的公司均有伦敦办公处，可以看出伦敦在全国的中心经济地位。对照前文“英国工商企业史文献指南”，这里的“公司”是特指具有法人地位的企业，而前文的“企业”更宽泛地指经济活动的主体。因此，二者有所区别，有必要分开。

该书有助于学习研究者掌握英国公司历史档案类别及其分布情况，主要由四部分组成，第一部分是佩特·佩恩（Perter L. Payne）撰写的介绍；第二部分是读者使用指南；第三部分是公司档案列表；第四部分是索引。该书所收录的674家公司均以注册时间顺序从古到今依次排序。每家公司均按照阿拉伯数字作编排，该书的索引等其他部分的阿拉伯数字均指代这个阿拉伯数字所特指的这家公司。每家公司条目共包含序号与公司名称、注册时间、注册号码、注册办公地址、主要活动、简史、档案地址和目录、相关出版物。

公司名称主要是指截至1980年9月公司注册署所显示的各个公司的名称。有些公司名称在9月之后进行了变动，所以划定时间点显得尤为

① 参见 Lesley Richmond, Bridget Stockford, *Company Archives: The Survey of the Records of 1000 of the First Registered Companies in England and Wales*, Aldershot: Gower, 1986。

② Lesley Richmond, *Bridget Stockford, Company Archives: The Survey of the Records of 1000 of the First Registered Companies in England and Wales*, Aldershot: Gower, 1986, p. viii.

必要，改变后的名称与之前所使用的名称均在其公司历史中予以介绍。在这一部分，公司英文单词 Company，以“Co.”的缩写形式呈现，有限 Limited 用“Ltd.”缩写形式。注册时间是这家公司成为有限责任公司的时间。为了方便读者进行查找与阅读，在该书中查找一家公司名称的最简单的方式是查阅文后的名称索引。

注册号码是每家公司注册时被指定的独有编码。这个编码有助于统一归类公司档案。1856 年《合股公司法》规定，注册数字从“1”开始。1862 年公司法的颁布实施，废除了 1856 年的使用，新注册的公司重新以“1”开始，但是并没有要求 1856 年之后注册的公司重新注册。所以导致的结果是有了两套 1 到 2920 个注册数字。为了避免混淆，1862 年 10 月到 1866 年 3 月之间注册的新公司会在数字之后附带一个英文字母“C”。从 2921 个数字之后，字母“C”不再出现。

主要活动主要记录了每家公司主要的商业活动，这一部分的内容也可以通过文后的主题索引来查阅。其业务变化也在公司历史中作了尽可能多的介绍。

注册办公地址是截至 1980 年 9 月公司注册署所公布的办公地址。这个注册办公地址不一定是公司总部的地址，也有可能是公司主要经营活动的地址，或者是公司档案的地址。该书选取的 674 家公司地址不一定全部在英格兰地区，也有可能在苏格兰、北爱尔兰、爱尔兰、英联邦等国家与地区。

公司简史主要包括这家公司的起源、位置、活动、名称变化、公司的对外联系与公司当今地位等。

每家公司条目的档案部分均以 1985 年这一年档案记录所在位置为起点，档案的所在地主要分为母公司地址、附属机构地址、档案保管地。

档案保管地的变化可以参见英国历史手稿委员会编纂的《英国档案保管地》。[①]公司档案主要分为以下类型：议事簿（mintue books）、会计账簿记录（accounting records）、生产与销售记录、职员记录、财产记录以及其他形式等。每个档案的日期尽可能做到准确。相关参考书目主要罗列了公司历史所参考的出版物或手稿等。

有些公司目前已不存在，但对历史仍具有重要影响，这类公司的文献编目也有重要的参考价值。例如，南海公司就是这样。该公司引发了英国历史上首次金融危机，并促使英国议会制定了影响深远的《泡沫法》。由于南海公司独特的历史地位，后人的研究成果也汗牛充栋，所以汇编一部南海公司文献学著作很有必要。1962 年由约翰·斯佩林（John G. Sperling）所编纂《南海公司：历史论文与文献目录》正式出版。[②]这本关于南海公司史的文献学著作主要由两大部分构成，第一大部分收录了有关南海公司史研究的论文目录。第二大部分是文献书目，收录了 18 至 20 世纪所有出版物，主要分为四大类：第一大类是公司总部或公司职员保留的档案记录；第二大类是公司与英国、西班牙政府有关商业事务的公开档案记录；第三大类是公司与政府间不同种类的涉及对外事务的文件；第四大类是与南海泡沫事件有关的国内外历史文献。上述文献大多存放在英国博物馆、公共档案局、上议院的公共档案办公室、伦敦金匠公会图书馆等地。

《公司档案：英格兰和威尔士第一批 1000 家注册公司档案调查》是研

① 参见 Royal Commission on Historical Manuscripts, *Record Repositories in Great Britain,* London: H. M. S. O., 1979。

② 参见 John G. Sperling, *The South Sea Company: An Historical Essay and Bibliographical Finding List*, Boston: Baker Library, 1962。

究至今尚存的典型性公司必备参考书。《南海公司：历史论文与文献目录》是研究对英国历史具有重要影响的南海公司问题必备的参考书。前者在南开大学图书馆等地有收藏，后者则未被国内图书馆收藏。

二 英国东印度公司历史文献指南

英国东印度公司（English East India Company）又被称作约翰公司（John Company），是一个诞生于17世纪初并存在200多年的英国特许贸易公司。它对近代英国历史，乃至世界历史的发展产生了举足轻重的影响。因此，本书予以特别关注。

按伊丽莎白一世（Elizabeth I，1533—1603，r. 1558-1603）颁发给该公司的特许状，英国东印度公司正式成立于1600年12月31日。[①]1698年9月5日，威廉三世（William Ⅲ，1650—1702，r. 1694-1702）另颁特许状成立了"新东印度公司"，原来的东印度公司就被称为"旧东印度公司"[②]。新旧东印度公司并存了一段时间，直至1709年安妮女王（Queen Anne，1665—1714，r.1702-1714）颁发新特许状，新旧东印度公司合并为"联合东印度公司"[③]。此后，英国东印度公司的官方名称再也没有发生过变更。1858年9月1日正式生效的《印度管理法》，宣告解散东印度

---

① John Shaw, *Charters Relating to the East India Company from 1600 to 1761*, Madras: Printed by R. Hill at the Government Press, 1887, p. 1.

② Catherine Pickett, *Bibliography of the East India Company: Books, Pamphlets and Other Materials Printed Between 1600 and 1785*, London: The British Library, 2011, p. 68.

③ Catherine Pickett, *Bibliography of the East India Company: Books, Pamphlets and Other Materials Printed Between 1600 and 1785*, London: The British Library, 2011, p. 90.

公司，并剥夺了其在印度的统治权。[①] 事实上，直到 1874 年 6 月 1 日，英国东印度公司的善后业务才彻底处理完毕，英国东印度公司寿终正寝。[②] 英国东印度公司存在了 258 年之久。在英国所有特许贸易公司中，英国东印度公司的原始档案保存得最为完整，其历史也最受学者关注。

尽管关于英国东印度公司的研究已相当成熟，但长期以来缺乏一部系统的历史文献学著作。这项工作最终由凯瑟琳·皮克特（Catherine Pickett）完成。皮克特 1969 年毕业于伦敦大学贝德福德学院，获古典学学士学位。1986 年毕业于伦敦大学伯克贝克学院，获意大利语学学士学位。1988 年至 1989 年在伦敦大学伯克贝克学院攻读硕士，并获文艺复兴学硕士学位。她曾长期在大英图书馆任职，并负责印度事务处图书馆和档案处文献的整理和编目工作。与英国东印度公司历史文献编目有关的工作可追溯到 20 世纪 70 年代。当时安吉拉·萨宾（Angela Sabin）已经开始对英国东印度公司的出版物进行初步整理。萨宾离任后，这项工作交给了皮克特。此后 10 年间，在萨宾已完成工作的基础上，皮克特补充了相关材料，并计划撰写一部收录文献时段为 1600 年至 1858 年间的英国东印度公司历史文献编目。随着数据库的出现，她又借助早期英语图书在线和 18 世纪藏书在线，补充了大英图书馆未收录的文献。[③] 历经近 30 年的搜集、

---

① William Fidler, *The East India Company: A Memorandum*, London: Printed by George Edward Eyre and William Spottiswoode, 1874, p. 26; [日] 浅田实：《东印度公司：巨额商业资本之兴衰》，顾姗姗译，北京：社会科学文献出版社 2016 年版，第 195—196 页。

② [日] 浅田实：《东印度公司：巨额商业资本之兴衰》，顾姗姗译，北京：社会科学文献出版社 2016 年版，第 196 页；Catherine Pickett, *Bibliography of the East India Company: Contemporary Printed Sources 1786-1858*, London: The British Library, 2015, p. 320; William Fidler, *The East India Company: A Memorandum*, London: Printed by George Edward Eyre and William Spottiswoode, 1874, p. 27。

③ Catherine Pickett, *Bibliography of the East India Company: Books, Pamphlets and Other Materials Printed Between 1600 and 1785*, London: The British Library, 2011, “Introduction” , p. vii.

整理和撰写，皮克特终于在 2011 年和 2015 年先后出版了英国东印度公司历史研究的必备工具书《东印度公司历史文献编目：1600 年至 1785 年间图书、小册子和其他印刷资料》[①]和《东印度公司历史文献编目：1786 年至 1858 年间的印刷资料》[②]。

《东印度公司历史文献编目：1600 年至 1785 年间图书、小册子和其他印刷资料》一书于 2011 年由大英图书馆出版。该书共收录 1537 部文献，收录文献类型为印刷的图书、小册子和地图等类型的文献。该书收录的一部分文献是英国东印度公司的官方资料。[③]以 1760 年为界，该书收录的 1600 年至 1759 年间的文献不足 700 部。1760 年至 1785 年间，该书收录的文献超过了 850 部。[④]从收录文献的所在地来看，该书收录的 1537 部文献绝大多数来自大英图书馆，只有约 260 部来自其他馆藏机构。除大英图书馆外，该书收录文献的其他重要馆藏机构还包括英国国家档案馆、牛津大学图书馆、曼彻斯特切塔姆图书馆、曼彻斯特约翰 · 莱兰兹图书馆、伦敦大学金匠公会图书馆、哈佛大学贝克图书馆和哈佛大学霍顿图书馆。[⑤]该书的使用方法共四种。第一种方法，读者可按照目录直接找到某一年份的文献。第二种方法，可按照姓名索引查找相关文献。第三种方

① 参见 Catherine Pickett, *Bibliography of the East India Company: Books, Pamphlets and Other Materials Printed Between 1600 and 1785*, London: The British Library, 2011。

② 参见 Catherine Pickett, *Bibliography of the East India Company: Contemporary Printed Sources 1786-1858*, London: The British Library, 2015。

③ 英国东印度公司的官方资料是指按照英国东印度公司或者英国议会要求印刷的资料。Catherine Pickett, *Bibliography of the East India Company: Books, Pamphlets and Other Materials Printed Between 1600 and 1785*, London: The British Library, 2011, “Introduction” , p. vii.

④ Catherine Pickett, *Bibliography of the East India Company: Books, Pamphlets and Other Materials Printed Between 1600 and 1785*, London: The British Library, 2011, “Introduction” , p. viii.

⑤ Catherine Pickett, *Bibliography of the East India Company: Books, Pamphlets and Other Materials Printed Between 1600 and 1785*, London: The British Library, 2011, “Introduction” , p. x.

法，读者可按照文献标题索引查阅。第四种方法，读者可按照主题索引查找文献。由于皮克特在编写该书时利用了 ECCO 和 EEBO 等数据库，读者在检索该书收录的部分文献时，也可利用上述两个数据库进行查找。

《东印度公司历史文献编目：1786 年至 1858 年间的印刷资料》一书于 2015 年由大英图书馆出版，是《东印度公司历史文献编目：1600 年至 1785 年间图书、小册子和其他印刷资料》一书的续篇。[①] 该续篇的使用方法也是以上四种，在此不再赘述。

以上两部有关英国东印度公司史文献学著作，为英国东印度公司史研究者查阅英国东印度公司的相关文献，特别是印刷类文献提供了便利，也为英国东印度公司研究进一步走向深入提供了可能。前者仅在中国国家图书馆有收藏，后者则仅在北京师范大学图书馆有收藏。

三　英国律师公会史文献指南

法学是关于法律问题的知识和理论体系，它的研究对象是法律，即由政府或者社会团体建构的用来约束群体行为的规则。当今西方世界主要形成了两大法律体系，即大陆法系与英美法系。前者又被称为民法法系或罗马法系，是以罗马法为基础而发展起来的法律体系，而后者又被称为普通法法系，是以英国自中世纪以来的法律为基础而形成的法律体系。

中世纪以来，英国陆续建立了一些培养法律知识的律师公会，又称律师学院。其中，以四大律师公会最为重要，即林肯律师公会（Lincoln's

① Catherine Pickett, *Bibliography of the East India Company: Contemporary Printed Sources 1786-1858*, London: The British Library, 2015, "Introduction", p. vii.

Inn，建于 1422 年）、中殿律师公会（Middle Temple，建于 1501 年）、内殿律师公会（Inner Temple，建于 1505 年）和格雷律师公会（Gray's Inn，建于 1659 年）。这四所公会相互独立，无隶属关系。[①] 它们以训练杰出律师为目标，存在至今。英国很多大律师都是其会员，英国的君主或皇家成员会担任公会的名誉院长，实际的院长会由资深的大律师通过选举产生。

《大法官法庭及法庭律师公会的文献目录》是一本汇集英国重要律师公会相关文献的小册子。[②] 首次于1965 年在塞尔登学会（Seldon Society）出版。全书主要分为两部分：原始文献与学术著作。在原始文献部分，布兰德将著作划分为九大主题，最为重要的是通用类型的原始文献。在这部分，布兰德汇编了已出版和尚未完全出版（含部分出版）的文献资料。每个条目下都表明作者及其著作的出版信息。然后是英国七个知名律师公会的具体材料以及戏剧部分。在此处，编者将戏剧巧妙地融入与律师公会相关的原始文献中，其缘由在于英国中世纪、近代时期的诸多话剧都是首先在上述律师公会上演。通过这些话剧的演出情况能够从侧面对律师公会的历史进行了解。在介绍完原始文献之后，布兰德再以章节的形式列出了具体公会的重要著作和期刊。除了上述内容之外，编者还汇集英国的法律职业、教育与改革的著作，从而全面阐发英国的律师公会。

英国的律师公会是培养律师的重要场所，其影响力甚至远及美国（前英属北美殖民地），许多人慕名前来学习，著名的有“中殿律师公会”“内殿律师公会”“格雷律师公会”等。对于研究法律史的学者来说，研究这

---

① John Cannon ed., *A Dictionary of British History*, Oxford: Oxford University Press, 2009, p. 346.

② 参见 Desmond Bland comp., *A Bibliography of the Inns of Court and of Chancery*, London: Selden Society, 1965。

些公会机构的著作十分散乱且成果较少，并没有一本文献目录式的著作可以提供检索。正如布兰德本人所言，“任何研究律师公会历史的研究者都会因一本完善的文献目录集的缺乏而受阻”，因此他的《大法官法庭及法庭律师公会的文献目录》一书弥补了这一缺陷。该书最大的学术价值体现在不仅梳理了涉及各个律师公会的原始文献、梳理了其发展史，而且汇集了与其相关的内容如戏剧、图书馆、教育等。然而，该书也有不足之处，突出表现在每个章节的条目下缺乏必要的解释，以至于研究者无法大致了解相关内容。

《大法官法庭及法庭律师公会的文献目录》汇编了与律师公会相关的重要文献。若要了解某一具体公会的文献情况，可以在目录中进行查找，然后翻阅至指定地方。以格雷律师公会（Gray's Inn）为例。有关该公会的原始文献在第 9 页和第 10 页[①]，编号从 75 到 90，例如《林肯律师公会纹章》（*Arms of the Inn*），藏于大英博物馆哈利父子搜集的文稿及图书部分（Harl. 1042，f. 62）。而二手著作在第 30 页至第 33 页，编号从 360 至 411，例如巴顿爵士（Sir D. P. Barton）的《格雷律师公会的起源》《14 世纪时期的格雷律师公会》《金雀花王朝与都铎王朝时期的格雷律师公会》《关于格雷律师公会礼拜堂的些许历史性注释》等。从中，读者可以查找到所需的文献资料。

该书在武汉大学图书馆有收藏，读者亦可自“海茵在线”（HeinOnline）数据库下载到该书的 PDF 版本。

---

① Desmond Bland comp., *A Bibliography of the Inns of Court and of Chancery*, London: Selden Society, 1965, pp. 9-10.

四　英国教育史文献指南

教育史是众多历史研究领域的重要分支，教育史文献学著作的编纂是在教育史研究兴起的大背景下产生的。早期的教育史文献著作出现在19世纪末，其代表著作有1897年出版的《教育文献目录》。[①]进入20世纪以后，教育史研究呈现更加细化的趋势。其中以1971年出版的《英国初等教育文献编目》[②]与1972年出版的《开放教育与开放式学校综合文献编目》[③]为代表。此外，关于英国综合类的教育史文献编目也开始出现，这就是1991年出版的《英格兰与威尔士教育文献编目》。[④]在此将对以上几部有关英国教育史的文献学著作分别予以介绍。

《教育文献目录》的作者是美国教育学家威尔·门罗（Will S.Monroe，1863—1939）。威尔·门罗在美国教育史上享有崇高的地位，他的著作不仅引起了美国对教育行业的重视，而且还使教育史成为美国高等院校的新兴学科。威尔·门罗于1863年3月22日出生在美国宾夕法尼亚州的卢塞恩郡（Lucerne County）。他在斯坦福大学获得学士学位，毕业后先后求学于德国的莱比锡大学、耶拿大学和法国的巴黎大学、格勒诺布尔大学。1881年到1887年，他长期担任卢塞恩郡学校的教师和校长。1887年到1888年，他是宾夕法尼亚州的楠蒂科克（Nanticoke）学校的负责人。1896年到1908年，他来到蒙特克莱师范学校（Montclair Normal

① 参见 Will S. Monroe, *Bibliography of Education*, New York: D. Appleton and Company, 1897。

② 参见 Lucy A. Haskell comp., *British Primary Education: An Annotated Bibliography*, Urbana: Educational Resources Information Center, 1971。

③ 参见 Frank H. Moyer, *A Comprehensive Bibliography of Open Education and Open Space Schools-A Reader's Guide*, Plainfield, 1972。

④ 参见 Franklin Parker, *Education in England and Wales: An Annotated Bibliography*, New York: Garland Publishing, 1991。

School)，担任教育史教授。[①]门罗的这部教育史文献学著作是国际教育系列丛书之一，于1897年首次出版，2018年作为经典著作得以重印。该书以相当多的篇幅编纂了英国教育史文献目录，至今仍具有重要的参考价值。

《英国初等教育文献编目》一书由露西·哈斯克尔(Lucy A. Haskell)编纂。该书收录了英国教育史主要出版物，主要包括四个部分：第一部分是英国教育史概况及趋势；第二部分是教育思想的先驱者，主要介绍了过去150年英国教育改革家；第三部分是当代小学教育的趋势；第四部分是各科目的课程创新。在这本教育史文献编目著作中，每一条书目主要包括作者、书名、出版地、出版时间、相关介绍等。

《开放教育与开放式学校综合文献编目》是文献学系列丛书之一，旨在向读者或研究人员提供有关开放教育的文献资料目录，以及1971年12月之前的开放式学校研究文献史料。开放教育是一个教育学专有学术词语，它是指"一种广泛存在于英国未成年学校里的针对初级学校教育方法。入学儿童的年龄一般是5到7岁，自第二次世界大战以来，它以大量针对儿童的什么应该学与什么不应该学的教育研究与理论成果，这种方法抛弃了传统的初级课堂模式与老师角色，使学生成为自由的、高度个性化的学习者"[②]。目前该书只有1972年一个版本，读者可以根据目录所列的国家名称来查找有关开放教育文献资料。

《英格兰与威尔士教育文献编目》一书是由夏威夷大学爱德华·比彻姆教授(Edward R. Beauchamp)主编的，该书也是国际教育系列参考书

---

① Frank M. Cordasco, "Will S. Monroe (1863-1939): The First Professor of Education at Montclair", *Journal of Education*, Vol. 42, No. 1 (1964),pp. 32-34.

② Frank H. Moyer, *A Comprehensive Bibliography of Open Education and Open Space Schools-A Reader's Guide*, Plainfield, 1972, p. 9.

的第19卷。

英国的教育改革在教育史上扮演着重要的角色。1988年英国通过了《教育改革法》(*Education Reform Act of 1988*)，该法在20世纪90年代得到贯彻实施。1988年《教育改革法》主要延长了1944年《教育法》的时效时间。由于1988年教育法的实施，英国许多民众接受了良好教育，促进了英国经济发展与文化水平的提高。该书编排合理，主题鲜明，线条清晰，既有综合类教育文献书目，也有教育类的专题性的文献书目，英国教育史研究是新兴研究领域，教育转型属于英国经济社会史转型的重要组成部分，对其研究具有重要意义。

《教育文献目录》《英国初等教育文献编目》《开放教育与开放式学校综合文献编目》均未被国内图书馆收藏。仅《英格兰与威尔士教育文献编目》在华东师范大学图书馆等地有收藏。

五　英国合作社历史文献指南

《英国合作社历史文献指南》是迄今为止我们所见到的唯一一部有关英国合作社运动史的文献学著作。①

该书作者是约翰·斯梅瑟斯特(John B. Smethurst，1934—2010)，他是英国的马克思主义者。他于1934年出生在英国曼彻斯特的埃塞克斯的一个工人阶级的家庭，13岁加入劳工党青年团(the Labour party

① 参见 John B. Smethurst comp., *A Bibliography of Co-Operative Societies' Histories,* Manchester: Co-operative Union Ltd., 1974。

League of Youth），之后加入合作党（Co-operative party）[①]。他在其中担任许多职位，包括合作社联合主席（director of United Co-operatives）。作为工人阶级的一分子，他从事过采矿业和印刷业等许多行业。他对工人阶级的历史有浓厚的兴趣，并于1983年在英国华威大学获得社会史硕士学位。他一生笔耕不辍，撰写了有关工人阶级的大量文章和图书，其中包括不朽的鸿篇巨著——6卷本的《工会历史名录》[②]以及《大不列颠和爱尔兰兰开夏郡矿工协会，1842—1848》[③]。

合作社是英国重要的经济社会团体组织，在英国历史上乃至今天都起着举足轻重的作用。合作社的设想较早来自罗伯特·欧文（Robert Owen，1771—1858）。他是工厂主，并在其自己开办的工厂践行自己的设想。1821年欧文出版了《拉纳克郡报告》，首次提出了“劳动是所有价值的基础”的观点，也第一次在该报告中明确表达了劳动合作、共同收支、共有财产与平等权利等社会思想。[④]1825年欧文从一个德国人手里购买了美国南部印第安纳州的一块土地，建立“新和谐社会”，试图实现自己的社会构想，但很快失败了。不过，一个名叫艾布拉姆·库姆（Abram Combe，1785—1827）的制革工人受到欧文思想和实践的启发，在英国爱丁堡开办了一家消费者合作社组织，随后英国兴起了合作社运动。截至1830年，

---

① 合作党（Co-operative party）是由合作社创立于1917年的英国政党，旨在为合作企业组织提供更加公平的待遇，选出议会代表，传播其经济社会理念。1927年，该党与工党（Labour Party）达成选举协议，促使其选出共同议会代表。见Co-operative party, “Our Ideas”, 11/10/2019, https://party.coop/about/。

② 参见John B. Smethurst, *Historical Directory of Trade Unions*, 6 vols., London:Routledge, 1980-2009。

③ 参见John B. Smethurst, *Lancashire and the Miners'association of Great Britain and Ireland, 1842-1848*, Eccles:Eccles & District Local History Society, 1978。

④ 参见Robert Owen, *Report to the County of Lanark,of a Plan for Relieving Public Distress and Removing Discontent*, London: Printed by Charles Vandrant, 1821。

大约有 300 家合作社在英国本土成立。①1844 年在英国的兰开夏郡成立“罗奇代尔先锋社”。② 该社系统制定了合作社原则，为合作社运动的开展树立了样板，合作社运动迅速蔓延开来，在兰开夏郡和西约克郡纺织业发达的市镇中尤其受欢迎。尽管当时的合作社以零售业为主，但从 1863 年开始批发合作社就开始参与商品的采购和生产加工环节。合作社支持者在 1918 年成立了合作社党，主张通过议会合法斗争的方式来实现其自身理想主张。③ 马克思曾对资本主义合作社问题有过经典性的论断与分析，并作出了肯定性的评价。④

英国的合作社运动曾产生了重要的国际影响。爱德华·尼尔（Edward Vansittart Neale，1810—1892）和爱德华·格里宁（Edward Owen Greening，1836—1923）曾联合发起成立国际合作社联盟组织，1895 年国际合作社联盟组织正式成立。进入 20 世纪，国际合作社联盟组织发展迅速，尤其在欧洲、加拿大、美国和非洲一些国家和地区势头很猛。国际合作社联盟的原则以及近况，可参见其网页。⑤

《英国合作社历史文献指南》共分为三个部分：第一部分收录了合作社运动的一般作品，并附有作者索引；第二部分是主体，作者按照字母顺序收录了消费合作社和分配合作社的文献，并附有作者索引；第三部分则

---

① Henry Colin Gray Matthew and Brian Harrison eds., *Oxford Dictionary of National Biography*, Vol. 42, Oxford: Oxford University Press, 2004, pp. 254-260.

② 参见 John Cannon ed., *A Dictionary of British History*, Oxford: Oxford University Press, 2009, p. 173.

③ 参见 John Cannon ed., *A Dictionary of British History*, Oxford: Oxford University Press, 2009, p. 173; Jennifer Wiohoit: “COOPERATIVES: A SHORT HISTORY”, Sep. 2005, https://www.culturalsurvival.org/publications/cultural-survival-quarterly/cooperatives-short-history; ICA, Homepage, 11/01/2019, https://www.ica.coop/en.

④ 《马克思恩格斯全集》第 1 版第 16 卷，北京：人民出版社 2016 年版，第 218—219 页。

⑤ ICA, “Cooperative identity, values & principles”, 11/12/2019, https://www.ica.coop/en/cooperatives/cooperative-identity.

收录了生产与农业合作社、制造业生产合作社的文献，并附有作者索引。其中，学习研究者在阅读该书过程中一些缩略语需要特别注意。例如，CU 表示合作社联盟（Co-operative Union Ltd.），CW 表示批发销售业合作社（Co-operative Wholesale Society Ltd.），OC 表示奥尔德姆工业合作社（Oldham Industrial Co-operative Society），SW 表示苏格兰销售业合作社（Scottish Co-operative Wholesale Society Ltd.）等。该文献指南共有 122 页，虽然比较薄，但内容比较集中，分类也比较清晰、详细而具体。学习研究者可根据目录与作者索引查找所需文献。

该文献指南尚未被国内图书馆收藏，但本书编写团队已从国外购得。

六　英国工人运动历史文献指南

英国工人运动（labour movement）有较为深厚的历史传统。作为世界上第一个完成工业化的国家，英国工人阶级也形成得最早，工人运动也最复杂。英国工人阶级史长期以来都是学术界关注的焦点之一。正如英国历史学家莫尔顿（A. L. Morton，1903—1987）所指出的那样，英国工人阶级历史的悠久性、复杂性以及丰富性，是其他任何国家都不能比拟的。[①]

英国工人运动历史文献学著作的编纂，是随着英国工人运动史研究的兴起而出现的。在第二次世界大战结束前夕，克莱门特·理查德·艾德礼（Clement Richard Attlee，1883—1967）领导的工党上台执政，这是英国历史上首个工党多数政府。由此推动英国兴起了工人运动史研究

① ［英］莫尔顿、台德：《英国工人运动史（1770—1920）》，叶周等合译，北京：生活·读书·新知三联书店 1962 年版，第 1 页。

的热潮，工人运动史文献学著作也随之出现了。1955 年出版了《工人阶级运动的历史和理论精选书目》[①]，1978 年出版了《宪章运动历史文献编目（1837—1976）》[②]。在此基础上，1981 年由哈罗德 · L. 史密斯（Harold L. Smith，1918—）编纂出版了《到 1970 年英国工人运动历史文献编目》。[③]这是首部系统的英国工人运动史文献学著作。

该著作的编纂者史密斯是英国皇家历史学会成员，曾任美国休斯顿-维多利亚大学历史系教授，主要研究领域为 20 世纪英国史、妇女权利史。英国历史学家阿萨 · 布里格斯（Asa Briggs，1921—2016）为该著作撰写了序言，概括了英国工人运动史研究的总体状况与发展趋势。[④]该著作收录了 1945 年至 1970 年间出版的英文英国工人运动史图书、小册子和期刊论文，对认识英国工人运动史兴起阶段的研究主题和取向，具有重要的学术价值。

该著作共有六部分，包括布里格斯撰写的序言、史密斯撰写的前言、期刊缩略语索引、参考文献、正文以及索引。

该著作正文部分共收录有关英国工人运动史文献 3838 部。具体而言，这些历史文献被划分为八个方面。第一方面是一般性文献，共收录文献 1271 部，主要包括文献汇编类，自传、传记、回忆录和讣告类，英国工人运动通史类，开展英国工人运动研究与教学类等。第二方面是有关社会主义的历史和理论文献。第三方面是有关早期激进主义的文献，包括卢德运

---

① 参见 Charles Adam Gulick, Roy A. Ockert and Raymond J. Wallace, comps., *History and Theories of Working-Class Movements: A Select Bibliography*, Berkeley: The Bureau of Business and Economic Research and Institute of Industrial Relations, University of California, 1955。

② 参见 J. F. C. Harrison and Dorothy Thompson, *Bibliography of the Chartist Movement, 1837-1976*, Sussex/Jersey: Harvester Press/Humanities Press, 1978。

③ 参见 Harold L. Smith comp., *The British Labour Movement to 1970: A Bibliography*, London: Mansell Publishing, 1981。

④ 布里格斯概述了英国劳工史研究发生的四个方面的转变，见 Harold L. Smith comp., *The British Labour Movement to 1970: A Bibliography*, London: Mansell Publishing, 1981, "Foreword" , p. vii。

动、彼得卢大屠杀和宪章运动等文献。重点是第四方面，即与英国工党和工党政府有关的历史文献。这方面又被细分为一般性著作、工党在地方的活动记录、研究议会中工党的文献、英国议会大选有关文献等，以及工党执政时期的各类文献。第五方面则按照专题收录了地方工人运动、艺术创作中的工人运动、工人运动中的教育问题、报刊问题、信仰问题、组织问题等。第六方面则集中于工党的组织文献。第七方面的主题是工联主义。第八方面收录了关于合作运动和合作社有关的文献。

该著作对于学习研究英国工人运动史、英国工党史、英国工会史等均具有重要的价值。不过，这些文献在今天看来显得相当陈旧。尽管史密斯教授曾有过撰写第二部英国工人运动历史文献编目的想法，但并未完成。①

《工人阶级运动的历史和理论精选书目》在中国社会科学院图书馆和国家图书馆均有收藏。《宪章运动历史文献编目（1837—1976）》在南开大学图书馆有收藏。《到 1970 年英国工人运动历史文献编目》在国内各图书馆无收藏。不过，本书编写团队已经从国外购得。

七　英国新闻出版史文献指南

关于英国新闻出版史的文献学著作，较早的一部是 G. S. 汤姆金森所著的《英国与爱尔兰现代主要公共和私人出版社精选文献编目》。② 该著作

---

① 史密斯曾计划撰写第二部历史文献题录，收录文献出版时段为 1971—1980 年，并计划于 1982 年出版。Harold L. Smith comp., *The British Labour Movement to 1970: A Bibliography*, London: Mansell Publishing, 1981, “Preface” , p. ix.

② 参见 Geoffrey Stewart Tomkinson, *A Select Bibliography of the Principal Modern Presses, Public and Private, in Great Britain and Ireland*, London: The First Edition Club, 1928。

于 1928 年首次出版。作者杰弗里·斯图尔特·汤姆金森爵士（Geoffrey Stewart Tomkinson，1881—1963），是一名英国运动员和实业家。他出生于乌斯特郡的基德明斯特（Kidderminster），曾就读于温彻斯特、剑桥大学国王学院等院校，在校期间，他从事诸如足球、板球等体育运动。第一次世界大战后，汤姆金森爵士积极致力于发展自己的家族企业——汤姆金森地毯厂。20 世纪 20 年代，汤姆金森重返板球场。同时，他也热衷于橄榄球运动，是基德明斯特皇家橄榄球俱乐部的创始人之一。此外，汤姆金森爵士还撰写了包括该书在内的多部著作。

该书涵盖的时段是从大约 1850 年到其首次出版的那段时间，共列出了 82 家出版社的具体词条体信息。每个词条第一部分的开始都使用了简短的篇幅分别介绍了其建立信息、创建人以及出版社类型，之后作者用大篇幅的内容向读者阐述了该出版社的发展史。每个词条的第二部分的主要内容包括该出版社印刷的作品，其中具体信息有出版物名称、责任人、出版时间、页数和其他信息、纸张尺寸、印刷份数和价格、印刷模板类型和颜色、出版物的材质，以及其比较优秀和独特的印刷模板，如伊拉格尼出版社的作品模板中就带有艺术色彩，其中使用了花式边框和艺术字，并添加了一幅图片，便于读者理解，加深了作品内涵，给人以美感和想象力。[①]

关于这本著作，学者们都给出了较高的评价。例如，斯蒂芬·J. 吉斯（Stephen J. Kees）认为该书给了相当完整的参考书目，这对没有自己出版参考书目的出版社来说是极具价值的，由于长期以来这本指南一直供不应求，它的重新出版对百科全书的发展作出了宝贵的贡献。[②] 伯纳德·纽

① Geoffrey Stewart Tomkinson, *A Select Bibliography of the Principal Modern Presses, Public and Private, in Great Britain and Ireland*, London: The First Edition Club, 1928, pp. 61-62.

② Stephen J. Kees, "Reviewed work: A Select Bibliography of the Principal Modern Presses Public and Private in Great Britain and Ireland by G.S.Tomkinson", *RQ*, Vol. 15, No. 2 (1975), p. 180.

迪格特在该书的前言中解释说，这本书是为收藏者准备的高级指南，并宣称它是一本好书。[①]

在《英国与爱尔兰现代主要公共和私人出版社精选文献编目》出版70余年之后，英国新闻史学者大卫·林顿（David Linton）和雷·波士顿（Ray Boston）一起出版了《20世纪英国的新闻报纸业：一本附注文献目录》。[②]大卫·林顿本人承认，这部作品“不仅是对其前身的修订、更新和重新包装”，而且以全新的面貌向读者全面展示并评价了20世纪的英国新闻行业。该书作者为大卫·林顿（David Linton，1916—　）与 雷·波士顿（Ray Boston）。大卫·林顿曾撰写有《英国的新闻报纸业：一本附注文献目录》[③]，而雷·波士顿则曾撰写《重要的弗利特街：它的历史和影响》。[④]

《20世纪英国的新闻报纸业：一本附注文献目录》由六个部分组成，首先林顿在前言中对该书作了概述，声称英国新闻报纸业的覆盖范围不断扩展，从“新闻”记者的报道扩大到包括散文家、戏剧评论家、体育记者和“媒体学者”的出版物，以及新闻杂志、英国武装部队报纸、船舶报纸、少数民族新闻报纸、CD-ROM和缩微词条。英国新闻报纸业的词条数已从1987年的2900项增加到目前书目的3700多项。接着是雷·波士顿用11页的篇幅对英国报业自1889年以来经历的技术、金融和文学“革命”作出了有益的阐述。作者在第三部分对相关文献材料的布局进行了概

---

① Geoffrey Stewart Tomkinson, *A Select Bibliography of the Principal Modern Presses, Public and Private, in Great Britain and Ireland*, London: The First Edition Club, 1928, p. xx.

② 参见 David Linton and Ray Boston, *The Twentieth-Century Newspaper Press in Britain*：*An Annotated Bibliography*, New York: Continuum International Publishing Group, Inc., 1994。

③ 参见 David Linton and Ray Boston, *The Newspaper Press in Britain: An Annotated Bibliography*, London: Mansell, 1987。

④ 参见 Ray Boston, *The Essential Fleet Street: Its History and Influence*, London: Blandford, 1990。

述，将整个作品的所有书目和词条均按其作者的英文字母顺序排列，其中包括社团词条，如报纸和其他各种出版物，以及负责出版物或纪念版文本的机构名称。第四部分是该书的主体，作者系统收录了与20世纪英国新闻报纸业研究相关的文献和文献目录。同时，林顿非常强调研究人员在使用大量的参考书之前，必须查阅参考文献编目。第五部分收录了1900—1994年英国新闻报纸业具有重要意义的事件、主要人物和主要的期刊报纸。该书的最后一部分是索引。林顿本身就是英国最有成就的“索引制作者”之一，他的著作的索引、主题以及细节相互契合，而且大卫·林顿也认为索引是他的著作的结构中“不可或缺的要素”①。

关于这部著作，学者们都给出了较高的评价，如J. O. 拜伦声称该书是英国新闻界的一座丰碑。② 雷·波士顿在该书引言中指出，该书将为学生和研究人员提供非常成熟的查询方法，这种方法可有效地查阅1900年以来积累起来的有关英国报业的海量资料。

《20世纪英国的新闻报纸业：一本附注文献目录》在中国国家图书馆和中国人民大学图书馆均有收藏。《英国与爱尔兰现代主要公共和私人出版社精选文献目录》一书在中国国家图书馆有收藏。

---

① J. O. Baylen, “Reviewed Work: The Newspaper Press in Britain: An Annotated Bibliography by David Linton and Ray Boston”, *Albion: A Quarterly Journal Concerned with British Studies,* Vol. 28, No. 2(Summer 1996), p. 361; David Linton and Ray Boston, *The Twentieth-Century Newspaper Press in Britain：An Annotated Bibliography*, New York: Continuum International Publishing Group, Inc., 1994,p. xxi.

② J. O. Baylen, “Reviewed Work: The Newspaper Press in Britain: An Annotated Bibliography by David Linton and Ray Boston”, *Albion: A Quarterly Journal Concerned with British Studies,* Vol. 28, No. 2(Summer 1996), p. 361.

·第三编·

附录：期刊、数据库与网站

期　刊

一　英国历史文献学会会刊

《英国历史文献学会会刊》(*Transactions of the Bibliographical Society*)是由英国历史文献学会出版的学术刊物。英国历史文献学会成立于1892年。该学会的成立与一个历史人物的贡献密不可分。这个人物就是沃尔特·阿瑟·科平杰(Walter Arthur Copinger，1847—1910)。

科平杰是英国著名的法学家、作家、历史学家、建筑学家、古物学家、文献学家、哲学家。他于1847年4月14日出生在英国克拉番(Clapham)，曾在达勒姆大学学院求学，1866年成为中殿律师公会学员，1869年获律师资格。科平杰在法学领域主要擅长版权法与不动产法，著有《文学艺术作品的版权法》。[①] 他对家谱学、纹章学和庄园的历史也有浓厚的研究兴趣。1882年，他的《科平杰与科平杰家族的历史》一书出版。[②] 他在这本书中讲述了他的家族从10世纪以来的历史。他还曾编写了一部

① 参见 Walter Arthur Copinger, *The Law of Copyright, in Works of Literature and Art*, London: Stevens and Haynes, 1870。

② 参见 Walter Arthur Copinger, *History of the Copingers, or Coppingers*, Manchester: H. Sotheran, 1882。

自身所辖地区的历史，即《布希霍尔教区的历史》。[①] 此外，他还曾编纂了多卷本地方和家族历史文献学著作。[②] 他的《纹章学简介》曾获得当时学术界好评。[③] 他曾担任过曼彻斯特大学、维多利亚大学等多所大学的法学教授。[④]1910 年 3 月 13 日，科平杰教授在英国曼彻斯特病逝。

正是在科平杰的推动下，英国历史文献学会才得以建立。1891 年 9 月他在第十四届图书馆协会会议上作了一次主题报告，题目为《关于组建一个文献学协会的必要性及其运行的建议》，提出建立文献学协会并在伦敦之外建立分会的设想。这一设想很快得到了文献学家理查德·科普利·克里斯蒂（Richard Copley Christie，1830—1901）和图书馆协会主席罗伯特·哈里森（Robert Harrison）的支持。[⑤]1892 年 7 月 15 日，文献学第一次会议正式召开，这标志着该学会正式成立。会议推举科平杰担任该学会首任主席。

该学会自 1893 年开始出版会刊，以《文献学会会刊》（*Transaction of the Bibliographical Society*）之名发行，从 1893 年至 1919 年共出版了 15 卷。1920 年该学会会刊合并了《图书馆刊》（*The Library*），改名为《图书馆：文献学会学会刊》（*The Library: Transaction of the Bibliographical Society*），每年出版四期。该刊物虽然以图书馆为名，但很少涉及图书馆学

① 参见 Walter Arthur Copinger, *History of the Parish of Buxhall*, London: H. Sotheran & Co., 1902。

② 参见 Walter Arthur Copinger, *County of Suffolk: Its History as Dsclosed by Existing Records and Other Documents*, 5 vols., London: Henry Sotheran & Co., 1904; Walter Arthur Copinger, *Manors of Suffolk: Notes on their History and Devolution*, 7 vols., London: T. Fisher Unwin, 1905-1911; Walter Arthur Copinger, *History and Records of the Smith-Carington Family*, London: Henry Sotheran, 1907。

③ 参见 Walter Arthur Copinger, *Heraldry Simplified*, Manchester: Manchester University, 1910。

④ Sir Leslie Stephen, Sir Sidney Lee eds., *Dictionary of National Biography, Second supplement*, Vol. 1, London: Smith Elder & Co, 1912, pp. 413-414.

⑤ Copinger, " Walter Arthur Copinger", 11/16/2019, http://www.copinger.org/1WalterArthur35.html.

方面的文章，而是偏重刊发历史文献学方面的文章。因此，本书称之为“英国历史文献学会会刊”。至今，该刊物已经出版到第七系列。

国家图书馆收录了《英国历史文献学会会刊》1893 年到 1909 年共 10 卷。此外，国家图书馆还收录了《图书馆刊》(*The Library*) 从 1889 年创刊到 1919 年各期。1920 年会刊更名后，国家图书馆也收录了大部分。北京大学、清华大学等国内高等院校与科研院所也有收藏。

从创刊至今,《英国历史文献学会会刊》已经由牛津大学出版社官方主页提供在线版本，订阅用户与英国历史文献学会会员可以在线浏览全文。西文过刊全文数据库 Jstor 收录了《英国历史文献学会会刊》从 1949 年到 2015 年的全部文章。订阅用户可以通过登录 Jstor 主页在线阅读或下载 PDF 格式文章。

二　剑桥与威尔士历史文献学会会刊

剑桥历史文献学会 (The Cambridge Bibliographical Society) 于 1949 年成立，旨在推动文献学研究、出版文献学研究成果。剑桥历史文献学会创办的期刊是《剑桥历史文献学会会刊》(*Transactions of the Cambridge Bibliographical Society*)，于 1949 年创刊。至 2019 年，共出版 19 卷 78 期。该刊物刊发文章数量多，质量高，内容丰富。从总体上看，以英国中世纪和近代早期历史文献的整理与研究为主。

从该刊物的第 1 卷第 1 期就可以看出这一点。这一期共刊载了 10 篇论文和 2 篇文献注释。这 10 篇论文分别是:《中世纪诺维奇教区小修道院手稿》《两部中世纪日历与约翰・鲍特尔拿走的其他册页》《15 世纪意大利的加戳图书装订》《剑桥的约翰·希波齐：对未记录书籍的新报道》《1571年爱尔兰和伊丽莎白女王时期的批评》《1600—1640年公祷书未定版本目录考订》《16世纪剑桥外来著作目录》《多恩图书馆的图书》《威廉·约翰逊印刷书籍目录》《圣约翰学院尤尔"遵主圣范"集》，另外2篇为：《伍绍学院第18 c. 9b文献注释》和《大学图书馆说明》。[①] 从中可以窥见，该会刊主要刊登英国历史文献学研究成果，涉及对原始文献的整理、校勘与编辑等领域，也有少量论及英国以外的历史文献学研究文章。

目前国内所见的该会刊《目录索引》(Indices to the Transactions of the Cambridge Bibliographical Society: Volumes Ⅰ–Ⅺ，1949—1999)是查找有关文献最为有效的途径。2000年以后出版的各卷，则仍以纸质为主。西文过刊全文数据库Jstor收录了1949至2017年间《剑桥历史文献学会会刊》的全部文章。

威尔士历史文献学会(The Welsh Bibliographical Society, 威尔士语为Y Gymdeithas Lyfryddol Gymreig)成立于1907年，致力于推进威尔士历史文献学研究以及威尔士文献的撰写、印刷和出版等活动。该学会通过举办年会、组织讲座、出版会刊和专著等形式开展学术活动。1910年该学会创办了《威尔士历史文献学会会刊》(*The Journal of Welsh Bibliographical Society*，威尔士语为*Cylcjgrawn Y Gymdeithas Lyfryddol Gymreig*)。1984年该刊停止发行。[②]

该刊物对于读者了解20世纪英国历史文献学特别是威尔士历史文献

---

① 参见Cambridge Bibliographical Society, *Transactions of the Cambridge Bibliographical Society*, Vol. 1, No. 1, Cambridge: Published by Cambridge Bibliographical Society, 1949。

② The Welsh Bibliographical Society, "Editorial", *The Journal of the Welsh Bibliographical Society*, Vol. Ⅻ, No. 1 (1983-1984), p. 2.

学的发展具有重要意义。早在 1951 年出版的《英国历史文献编目：18 世纪（1714—1789 年）》就收录了该刊物。[①]1959 年第二版《英国历史文献编目：都铎王朝 1485—1603》、1970 年第二版《英国历史文献编目：斯图亚特王朝时期 1603—1714》以及 1975 年出版的《到 1485 年为止的英国历史文献编目》均收录了该刊。[②] 可见该刊还是有相当学术影响的。20 世纪 70 年代以后，该刊物因经费紧张而难以为继，甚至出现某一年份未出版或者多年合刊的情况，直至 1984 年永久停刊。

该期刊共出版 49 期，已经由威尔士图书馆全部予以数据化，并免费提供在线全文阅读及下载。[③] 国内暂无机构收藏《威尔士历史文献学会会刊》的纸质版。

三　英国国家历史文献期刊

《英国国家历史文献期刊》（*British National Bibliography, BNB*）创刊于 1949 年，是英国图书馆事业发展的里程碑之一。[④]BNB 是定期出版的英国全国图书文献编目。这些文献均为议会法律所规定的法定缴存本，

---

① Stanley Pargellis and D. J. Medley eds., *Bibliography of British History: The Eighteenth Century 1714-1789*, Oxford: The Clarendon Press, 1951, p. 444.

② Conyers Read ed., *Bibliography of British History: Tudor Period 1485-1603*, Oxford: The Clarendon Press, 1959, p. 520; Mary Frear Keeler ed., *Bibliography of British History: Stuart Period, 1603-1714*, Oxford: The Clarendon Press, 1970, p. 507; Edgar B. Graves ed., *A Bibliography of English History to 1485*, Oxford: At the Clarendon Press, 1975, p. 19.

③ 参见 https://journals.library.wales/browse/1226390/，2020 年 7 月 12 日。

④ Andy Stephens, *The History of British National Bibliography 1950-1973*, Wetherby: The British Library, 1994, p. 1.

也涵盖了大英图书馆出版编目提供的即将出版的图书信息。[1]根据大英图书馆的说明，BNB 收录了自创刊以来在英国和爱尔兰出版发行的包括电子出版物在内的所有图书和期刊编目信息。BNB 收录的每个文献条目均会标注杜威十进分类法的分类号、文献标题和责任声明、文献出版细节、文献的物理描述、ISBN 号、BNB 号码、国会图书馆主题词、正式出版前的记录标志（如果适用）等信息。[2]

早在 1926 年，凯尼恩委员会（The Kenyon Committee）撰写的关于英格兰和威尔士公共图书馆报告就已提议，在英国建立类似美国国会图书馆那样的中央图书编目机构，设在大英博物馆。该提议得到国家赞同，但由于大英博物馆相关人员的反对而未付诸实施。[3]第二次世界大战期间，莱昂内尔·麦科尔文（Lionel McColvin，1896—1976）主导拟就的麦科尔文报告，推动了全国图书文献编目期刊的创办。[4]

1949 年 3 月 23 日，BNB 委员会正式成立。1949 年 12 月 14 日，该刊试发行（第 0 期）。1950 年 1 月 4 日该期刊作为周刊正式出版。[5]后来该刊开始编制出版书目的卡片信息，1977 年大英图书馆成立了自动信息服务处，该刊的编目可以实现在线访问。1988 年大英图书馆与法国文献学会共同制作了 BNB 的 CD-ROM 试用版，第二年正式推出两张光盘，收

---

① IFLA Bibliography Blog, “The British National Bibliography is 60!”, 11/28/2019, https://blogs.ifla.org/bibliography/2010/01/06/the-british-national-bibliography-is-60/.

② British Library, “About the British National Bibliography”, 11/28/2019, http://search.bl.uk/primo_library/libweb/action/search.do?vid=BLBNB.

③ Andy Stephens, *The History of British National Bibliography 1950-1973*, Wetherby: The British Library, 1994, pp. 1-4.

④ Andy Stephens, *The History of British National Bibliography 1950-1973*, Wetherby: The British Library, 1994, pp. 4-5.

⑤ Andy Stephens, *The History of British National Bibliography 1950-1973*, Wetherby: The British Library, 1994, p. 11.

录了1950年至1985年间BNB各期内容。该期刊的光盘版每季度更新一次。1996年，BNB首个Windows系统版光盘发布，该光盘每月更新一次。[①]1998年开始，BNB通过ftp标准协议发布全国图书编目。2008年12月，CD-ROM版的BNB停止发行。从2010年开始，BNB通过网站发布了PDF版。[②]

国内有多所机构收藏了不同年份的BNB，但只有中国国家图书馆几乎收藏了该刊各期，读者也可通过BNB的网站直接查询相关文献的信息。其中，最近25周英国图书出版文献编目的PDF格式可直接下载。

① FLA Bibliography Blog, "The British National Bibliography is 60!", 11/28/2019, https://blogs.ifla.org/bibliography/2010/01/06/the-british-national-bibliography-is-60/; British Library, "The BNB is 60!", 11/28/2019，见 https://www.bl.uk/bibliographic/pdfs/bnb_60th_birthday.pdf.

② British Library, "The BNB is 60!", 11/28/2019, https://www.bl.uk/bibliographic/pdfs/bnb_60th_birthday.pdf.

外文数据库与网站

一　五大基本外文数据库指南

随着大数据时代的来临，全面了解和熟练运用数据库已成为历史学习研究者必备的知识和技能。国内许多高校和科研院所不仅建立了自己的数据库，而且还陆续引进了大量外文数据库。目前已有学者专题调研并出版了世界史外文数据库的情况。[①] 在这里，本书编者重点梳理与英国经济社会史研究相关的外文数据库。主要有五大外文数据库，包括三大断代数据库与两大专题数据库。

三大断代数据库分别是：早期英语图书在线（Early English Books Online, EEBO）；18 世纪藏书在线（Eighteenth Century Collections Online, ECCO）；19 世纪藏书在线（Nineteenth Century Collections Online, NCCO）。预计 1901 年以后的英文文献也将建成数据库。不过，由于 20 世纪英文文献体量可能比前三大数据库的总和都要大得多，因此很难建成单一的 20 世纪藏书在线（Twentieth Century Collections Online, TCCO）数据库。

① 参见姚百慧编：《世界史研究外文数据库指南》，北京：世界知识出版社 2020 年版。

早期英语图书在线是由 Proquest 公司联合牛津大学图书馆、密歇根大学图书馆等于 1998 年所建立的书籍数据库。EEBO 数据库的出版公司 ProQuest LLC 是一家私营公司，业务包含在线数据库和信息与数据提供商。该公司由尤金·鲍尔（Eugene Power，1905—1993）于 1938 年创立，总部位于美国密歇根州安娜堡市。现为剑桥信息集团（Cambridge Information Group，Inc.）的子公司。[①]ProQuest 公司由缩微胶片生产商起家，在不到一个世纪的时间内，通过收购其他公司，逐渐发展成为国际性电子出版商之一。[②]其数字出版产品主要有ProQuest 学位论文文摘数据库和 ProQuest 学位论文全文数据库等。该公司已于 2017 年和中国高等教育文献保障系统（CALIS）合作，使中国大陆地区部分一流大学的共计 270000 篇论文的摘要可在该公司的数据库中进行搜索。[③]EEBO 数据库收录了 1473 至 1700 年间的几乎所有英语出版物，也有少量的诸如威尔士语等其他语种文献。截至 2018 年 12 月，EEBO 数据库已包含 132600 部书籍，17000000 页，涵盖 220 多座图书馆的数据文献，资源极为丰富。从总体上分为四个子库，分别是早期英语图书Ⅰ（Early English Books Ⅰ，1473—1640），早期英语图书Ⅱ（Early English Books Ⅱ，1641—1700），托马斯个人收藏数据库（Thomason Tracts），早期英语图书补充数据库（Early English Books Tract Supplement）。本书主编曾介绍过

① ProQuest LLC., "Company Discription", 03/30/2020, http://www.privco.com/company/proquest-company/.

② ProQuest LLC., "History & Milestones", 03/30/2020, https://www.proquest.com/about/history-milestones/.

③ ProQuest LLC., "History & Milestones", 03/30/2020, https://www.proquest.com/about/history-milestones/.

EEBO 数据库及其主要内容。[①] 在这里不再赘述。

18 世纪藏书在线是由盖尔集团（Gale Group）所运营的藏书数据库，包含了 1701—1800 年出版的 180000 余种英文出版物。盖尔集团是全球知名的数字发行商之一，为圣智教育公司（Cengage Learning）的一个子公司，代表数据库产品为盖尔学术，包含众多数据库，收录文献总量一亿多页。该公司于 1954 年成立于底特律，创始人是弗雷德里克·盖尔·拉夫纳（Frederick Gale Ruffner，1926—2014），2007 年被圣智教育公司收购，现领导人为保罗·加兹罗（Paul Gazzolo）和特里·鲁滨逊（Terry Robinson）。[②]ECCO 数据库起源于 1976 年立项的“18 世纪短标题目录”（The Eighteenth Century Short Title Catalogue，ESTC）项目，该项目肇始于美国 18 世纪研究学和大英图书馆联合召开的一次会议，该会议旨在建立一个包括自 1701 年始，至 1800 年止在英语国家印刷的书籍、小册子和其他文献资料的联合目录。1982 年该项目正式由盖尔公司将这些文献以缩微胶片的形式进行数字化并出版发行。2003 年 ECCO 数据库正式建成，包含 136000 余部作品（约 155000 余卷），总页数超过 26000000 页，该部分现被称为 ECCO-I，是当前 ECCO 数据库的两大部分之一。2009 年，盖尔发布 ECCO 第二部分（ECCO-Ⅱ），为 ECCO 增加了近 50000 部、7000000 余页文献，其包含 2003 年 1 月至 2009 年搜集到的被列入缩微胶片计划的所有文献。至此，ECCO 数据库正式定型。此后，ECCO 数据库仅对部分缺失资源作了增补，已明确指出并无“ECCO-Ⅲ”的计划。按学科划分，ECCO 资源中法律占比为 7%，历史和地理占比

---

① 张乃和主编：《英国文艺复兴时期的法律与社会》，哈尔滨：黑龙江人民出版社 2007 年版，第 269—280 页。

② Gale, “About Gale”, 07/13/2019, https://www.gale.com/intl/about#.

为 7.5%，医学、科学与技术占比为 7.8%，文学和语言占比为 23.8%，社会科学和艺术占比为 25%，宗教与哲学占比为 26.4%，其他一般参考书占比为 2.5%。①

与前两个数据库相比较，19 世纪藏书在线数据库所包含的文献更为丰富，收录了 1801 年至 1900 年几乎所有英文专著、报纸、小册子、手稿、明信片、地图、照片、统计资料及其他文献。个别子库所收录文献到 1925 年。该数据库也是盖尔集团的数据库之一。NCCO 数据库引入了一个供学习研究者与数据库提供者交流平台，使学习研究者可将自己的需要反馈给盖尔公司的项目负责人。通过这种互动 NCCO 数据库内容不断扩充。至今，NCCO 数据库已拥有 12 个子库，且其子库数量和各子库文献资源量仍在不断增加。这 12 个子库分别是："亚洲和西方：外交和文化交流""英国政治与社会""英国戏剧、音乐和文学：高雅与通俗文化""1790—1840 年的欧洲文学：科维馆藏""儿童文学与童年""欧洲和非洲：商业、基督教、文明与征服""绘制世界：地图和旅游文学""摄影作品：镜头中的世界""宗教、灵修、改革与社会""科学技术与医学，1780—1925""科学技术与医学（第二部分）"以及"妇女：跨国网络"。

两大专题数据库分别是：经济史全文数据库，即现代世界的形成（The Making of the Modern World，MOMW）；法律史全文数据库，即"海茵在线"（HeinOnline）和现代法律之路（The Making of Modern Law: Legal Treaties 1800-1926，MOML）。

经济史全文数据库，是盖尔学术（Gale Scholar）系列数据库之一，由伦敦大学、哈佛大学、哥伦比亚大学、耶鲁大学、堪萨斯大学、日本

① ECCO: Homepage, 07/13/2020, https://vpn2.nlc.cn/prx/000/http/find.galegroup.com/ecco/start.do?prodId=ECCO&userGroupName=nichina#.

广岛经济大学和美国圣智集团（Cengage）旗下的盖尔公司合作开发。该数据库第一部分是 20 世纪 70 年代出版的“金匠公会-克雷斯图书馆经济文献系列（1450—1850 年）”原始文献缩微胶卷。[①] 2006 年这些原始缩微资料被数字化处理后建立了数据库“现代经济之路：1450 年至 1850 年间金匠学院—克雷斯图书馆经济文献”（The Making of the Modern Economy: Goldsmiths'-Kress Library of Economic Literature，1450-1850）。同年 9 月份，该数据库更名为“现代世界形成：1450 年至 1850 年间的金匠公会-克雷斯图书馆经济文献”（The Making of the Modern World: Goldsmiths'-Kress Library of Economic Literature, 1450—1850）。[②] 这就是 MOMW 的第一部分内容。该数据库第二部分于 2012 年建成，收录了 1851 年至 1914 年的英语文献，也有部分法语、德语、葡萄牙语、意大利语和西班牙语等语种的文献，涉及铁路、妇女、工业和贸易、社会主义和社会运动、政治理论、经济危机和恢复、战争和军队、殖民主义和自然资源掠夺、政府管控和贸易保护主义、工人权利和工联主义以及人口问题等领域。第三部分收录文献的时间范围是 1890 年至 1945 年，该部分主要收录来自伦敦大学图书馆金匠公会经济文献资料室的英文专著和连续出版物文献。第四部分收录文献的时间范围是 1800 年至 1890 年，是对以上三部分文献的补充。由以上四部分内容可知，MOMW 数据库以经济史文献为主，因此本书编者称之为“经济史全文数据库”。

在法律史全文数据库中，“海茵在线”是全球学习研究法律和法律史

---

① David O. Whitten, “Democracy to the Library: The Goldsmiths'-Kress Library of Economic Literature”, *Journal of Economic Literature*, Vol. 16, No. 3 (September 1978), pp. 1004-1006; 台湾大学：“MOMW-HUSO”, 2020 年 7 月 13 日，见 http://web.lib.ntu.edu.tw/ebdb/node/648。

② Stanford University, “The making of the modern world [electronic resource] : the Goldsmiths'-Kress library of economic literature”, 07/13/2020, https://searchworks.stanford.edu/view/6551073.

的基础数据库，美国威廉·海因公司（William S. Hein & Co., Inc.）发布的一项产品。该公司的历史可以追溯到20世纪20年代弗雷德·丹尼斯（Fred O. Dennis）在纽约州布法罗市出售法律书籍和法学期刊。1940年，丹尼斯出版了《法律图书馆新闻》(*Law Library News*)。此后，为满足客户需求，丹尼斯开始印刷出版法律历史档案文献和过刊法学期刊包括耶鲁大学法学期刊的前25卷，以及其他许多各种法律期刊和法律经典著作。①1961年，丹尼斯的侄子威廉·海茵（William S.Hein）成立了威廉·海因公司，也从事相关工作。到了20世纪80年代海因公司不仅在北美市场站稳了脚跟，而且还进入了澳大利亚、日本、西欧、南美和以色列等国际市场。1983年，海因公司与丹尼斯公司合并，成为世界上最大的法律文献经销商。2000年该公司推出“海茵在线”法律史全文数据库。该数据库目前拥有超过1.73亿页和25万种法律档案文献的图像文本（image-based format）。②其中，法律期刊文库、法律经典文库、英格兰判例集、王国法令集、塞尔登学会出版物与早期英国法律史数据库等多个子库，均与学习研究英国经济社会史密切相关。

除了“海茵在线”，法律史全文数据库还包括盖尔集团的现代法律之路数据库。该数据库主要收录了19世纪与20世纪早期英美最有影响的法律思想家的专著、案例教科书、法律文书、小册子、地方诉讼程序指南、信件及演讲稿等英美出版的超过1亿页22000种法律文献。③但现代法律之路并不收录判例集、制定法文献，而是侧重收录法律论著。这是其与

① William S.Hein & Co., Inc., Homepage, 07/15/2020, https://www.wshein.com/.

② HeinOnline, Homepage, 07/15/2020, https://vpn2.nlc.cn/prx/000/https/home.heinonline.org/.

③ Gale, “THE MAKING OF MODERN LAW: Legal Treatises, 1800-1926”, 07/15/2020, https://www.gale.com/c/making-of-modern-law-legal-treatises-1800-1926.

“海茵在线”的主要差别。

以上五大基本外文数据库，我国已从 2007 年起陆续引进，在国家图书馆电子资源区以及国内主要高校图书馆均可查阅利用。目前，国内许多高校开始整体购买盖尔学术的系列数据库，也可直接进入盖尔学术数据总库查阅和利用。具体使用方法可参照各数据库发布的相关说明。

二　英国历史在线网站

英国历史在线（British History Online，BHO）是由伦敦大学制作并运营的英国历史资料网站（https://www.british-history.ac.uk/），网站对自己的定位是“收藏与英国和爱尔兰历史相关的关键原始史料和二手文献的数字图书馆，主要包含了 1300 至 1800 年的历史文献，用以支持来自世界各地用户的学习、教学和研究工作”①。

该网站始于 2002 年纽约安德鲁・W. 梅隆基金会设立的一项学术交流计划，由私人捐助。该项目旨在建立一个数字图书馆，由伦敦大学负责建立和运营。BHO 所收录的文献包括英格兰、苏格兰、威尔士、北爱尔兰以及英国殖民地和外交等方面的历史文献。主要按照“资料类型”（Source Type）、“地点”（Place）、“学科”（Subject）和“时期”（Period）四方面进行分类检索。从 BHO 的网站主页可以看出，“资料类型”的划分方式是主要的。

按“资料类型”划分，BHO 收录的文献有：地图类、数据（集）类、

① BHO, Homepage, 07/03/2019, https://www.british-history.ac.uk/.

文献指南和题录类、原始文献类和二手文献类。

其中，地图类资料，主要有1561年、1666年、1676年、1682年以及1690年的伦敦地图，这些地图清晰度和比例各异，但收录的地区范围大致相当，是研究16、17世纪伦敦及其周围地区历史地理变迁的重要文献。此外，还有19世纪英国陆军测量局绘制的军事地图集等，绘制了英国各郡各主要城市的地图。数据（集）类是由历史学家编辑和编写的数据材料，主要涉及城市史、财政史、婚姻家庭史和法律史等。例如，其中收录了1150年至1490年间的市场特许状文献，包括特许状颁发的时间、地点及具体内容等，是研究12世纪至15世纪英国市场史的重要文献。文献指南和题录类，主要收录了国务文件、王室法庭卷档、财政法庭卷档等官方文献题录。不过，这方面的文献在BHO上大多都不是免费提供的，需要付费订阅方可阅读。[①] 原始文献类涉及的内容较多。其中，较为重要的文献包括《条约集》（*Foedera*）、《王国法令集》（*Statutes of the Realm*）、《格拉斯哥特许状》（*Glasgow Charters*）、《苏格兰教会档案》（*Church of Scotland Records*）、《1624年下议院会议记录》（*Proceedings in Parliament 1624: The House of Commons*）等。这些文献主要集中在14世纪至18世纪。二手文献类，主要包括《维多利亚郡史》（*Victoria County History*）一套35部，占二手文献的62.5%，该文献在BHO免费提供查阅。这部分还包括其他单卷本描写英国各地历史和风土人情的文献。值得注意的是，在该文献类别下还收录了《现代英国职官》（*Office-Holders in Modern Britain*）共11卷，详细梳理了财政部、海军部、内政部等各部门各类职官，是研究英国政治制

① BHO, "Guides and Calendars", 07/06/2019，https://www.british-history.ac.uk/catalogue/guides-and-calendars.

度史特别是英国行政管理史的重要参考书。[①]

该网站所收录的文献对学习研究英国经济社会史而言，大有助益。但该网站不提供任何 PDF 格式电子书籍的下载，所有的在线内容均以网页形式呈现。这些文献可以文本形式进行复制，但有可能存在版权信息标注错误，在引用 BHO 文献时需要特别注意。

国内可直接访问英国历史在线网站。其中的文献并非全部免费，被其标识为“高级内容”和“黄金内容”的资料需要付费查阅。查阅高级内容的费用为每年 35 镑、黄金内容（同时可兼容高级内容）为每年 55 镑，另有 5 年期和 10 年期的优惠价格。

三　英国国家档案馆网站

英国国家档案馆是大不列颠及北爱尔兰联合王国的实体国家机构，位于伦敦西南部邱园。该机构的网站（https://www.nationalarchives.gov.uk/）即英国国家数字档案馆，功能多样，内容丰富，值得关注。

该网站主页区分了教育和研究两大功能。在教育页面中，访客可以在线浏览由英国国家档案馆提供的公开课，每个主题的课程都由该时期的历史学家主讲。此外，该网站还定期举办各种讲座。在研究页面中，可根据研究指南查找历史档案文献。该网站还开通了自己的博客（Blog）[②]，学习研究者可在博客上与档案馆工作人员交流互动，该博客亦定期分享有关国

① BHO, “Secondary Texts” 07/06/2019, https://www.british-history.ac.uk/catalogue/secondary-texts.

② 参见 https://blog.nationalarchives.gov.uk/, 2020 年 7 月 13 日。

家档案馆的小型科普类文章、新闻和数字档案馆的使用方法等资料。不仅如此，该网站还提供 3200 余万条国家档案馆的数字记录（约占英国国家档案馆全部记录的 5%）以及全国 2500 多个档案馆的档案索引，其中超过 900 万条记录可供下载。[①] 不过，该网站大部分数字化档案的下载都需要付费；免费提供档案文献主要是新发布的数字化文档，如政府部门的年度报告，以及从微缩胶卷中转换来的文献等。

该网站的“研究指南”（research guides）一栏目前共有 358 条，并被归纳为 12 个主题：[②] 家庭史，主要涉及服军役记录、遗嘱和人口普查数据等方面；第一次世界大战及第二次世界大战，主要涉及第一次世界大战和第二次世界大战期间的各项军事档案文献，如士兵名册等以及大战中的国际关系等；军事和海事，主要涉及英国陆军和皇家海军的军事档案文献（如奖章颁发记录）和战争（如布尔战争）档案；社会文化史，主要包括移民、个人破产、奴隶贸易等；罪犯、法庭和监狱，主要包括法庭记录、法医学记录、监狱记录和囚徒相册等；政治经济史，主要涉及选民登记档案、内阁档案和公务员档案文献等；对外关系和殖民史，主要涉及殖民时代英国和殖民地的关系档案、美国独立战争文献等；土地和地图，主要包括建筑图纸、爱尔兰地图、海图以及《末日审判书》等档案文献；中世纪和近代早期史，主要包括星室法庭记录、税收记录及中世纪和近代早期的遗嘱管理等，均为珍贵的原始文献；为当前法律用途的记录，主要涉及英国公民的身份、归化与移民登记文献；在线收藏主要包括可在该网站浏览和访问的一些资源链接等。

另外，为了帮助学习研究者阅读和利用英国历史文献，该网站提供了

① 参见 https://discovery.nationalarchives.gov.uk/，2020 年 7 月 13 日。

② 参见 https://www.nationalarchives.gov.uk/help-with-your-research/，2020 年 7 月 13 日。

网上辅导课程资源。① 这些资源有“中世纪拉丁语”“古文字学”“货币换算”“罗马数字”等。其中，中世纪拉丁语课程由易到难分两级；古文字学则分英语古文字学（1500 年至 1800 年）和拉丁语古文字学（1086 年至 1500 年）；货币换算能够把 13 世纪至 20 世纪货币换算为当今货币，以计算其购买力；罗马数字则简明扼要地讲述了罗马数字的识读及用法。这些辅导课程资源对我们学习研究英国经济社会史也具有重要参考价值。

值得注意的是，该网站提供国务文件的目录查询和借阅信息。② 不过，盖尔学术已经建成了国务文件在线（State Papers Online，SPO）数据库。③ 该数据库收录了英国自 1509 年始至 1782 年止的英国国务文件，这些文件主要包括信件、秘密卷档、手稿、索引等，还包含部分国家与英国往来的外交文件等。该数据库共包含 3 个子库，分别是“国务文件在线，1509—1714”“国务文件在线：18 世纪，1714—1782”“国务文件在线：斯图亚特和坎伯兰文件，来自温莎城堡的皇家档案”。结合 19 世纪整理出版的 200 余卷《国务文件编年纪要》，我们可以更充分地理解和运用这些文献。④

① 参见 https://www.nationalarchives.gov.uk/help-with-your-research/reading-old-documents/，2020 年 7 月 13 日。

② 参见 https://www.nationalarchives.gov.uk/help-with-your-research/research-guides/，2020 年 7 月 13 日。

③ 参见 https://www.gale.com/intl/primary-sources/state-papers-online，2020 年 7 月 13 日。

④ Peter Beal, *A Dictionary of English Manuscript Terminology, 1450-2000*, Oxford: Oxford University Press, 2008, p. 398.

英国经济社会史文献学主要著作目录

1. Josef L. Altholz, *Conference on British Studies Bibliographical Handbooks, Victorian England, 1837-1901*, Cambridge: Cambridge University Press, 1970.
2. Michael Altschul, *Conference on British Studies Bibliographical Handbooks, Anglo-Norman England, 1066-1154,* Cambridge: Cambridge University Press, 1969.
3. David Annal, Audrey Collins, *Birth, Marriage, and Death Records: A Guide for Family Historians,* Barnsley: Pen & Sword Books Ltd., 2012.
4. N. Bailey, *An Universal Etymological English Dictionary*, London: Printed for E. Bell, J. Darby, etc., 1721.
5. Dorothy Ballen, *Bibliography of Road-making and Roads in the United Kingdom*, London: P. S. King & Son, 1914.
6. Peter Beal, *A Dictionary of English Manuscript Terminology 1450-2000*, Oxford: Oxford University Press, 2008.
7. John B. Blake and Charles Roose, *Medical Reference Works, 1679-1966: A Selected Bibliography,* Chicago: Medical Library Association, 1967.
8. Desmond Bland comp., *A Bibliography of the Inns of Court and of Chancery*, London: Selden Society, 1965.
9. Arthur L. Bloomfield, *A Bibliography of Internal Medicine Select Diseases*, Chicago: The University of Chicago, 1960.
10. Beryl A. Board, *A History of the County of Essex,* London: University of London, 2000.
11. Lucy M. Bown, Ian R. Christie, *Bibliography of British History: 1789-1851*, Oxford: Clarendon Press, 1977.
12. James Gordon Brewer, *Enclosures and the Open Fields: A Bibliography,* Reading: British Agricultural History Society, 1972.

13. W. H. Chaloner and R. C. Richardson, comps., *British Economic and Social History: A Bibliography Guide*, Manchester/ Totowa: Manchester University Press/ Roman Littlefield, 1976.

14. C. R. Cheney, *A Handbook of Dates for Students of British History*, Cambridge: Cambridge University Press, 2000.

15. Ben Cohen, *The Thames, 1580-1980: A General Bibliography,* New Castle: Oak Knoll Press, 2008.

16. Stella Colwell, *Dictionary of Genealogical Sources in the Public Record Office*, London: Weidenfeld and Nicolson, 1992.

17. Rory T. Cornish, *George Grenville, 1712-1770: A Bibliography*, London: Greenwood Press,1992.

18. J. Cox, *An Introduction to Affection Defying the Power of Death: Wills, Probate & Death Duty Records,* Ramsbottom: Federation of Family History Societies, 1993.

19. Frances Gardiner Davenport, *A Classified List of Printed Original Materials for English Manorial and Agrarian History During the Middle Ages*, Boston: Ginn & Company, 1894.

20. D. R. Denman, O. H. M. Sawyer, *Bibliography of Rural Land Economy and Landownership, 1900-1957*, University of Cambridge: Department of Estate Management, 1958.

21. Cliff Edwards, *Railway Records: A Guide to Sources*, Richmond: Public Record Office, 2001.

22. Simon Eliot and Jonathan Rose eds., *A Companion to the History of the Book*, Oxford: Blackwell Publishing, 2007.

23. W. Filby comp., *American & British Genealogy & Heraldry*, Boston: New England Historic Genealogical Society, 1970.

24. W. Filby comp., *American & British Genealogy & Heraldry 1982-1985 Supplement*, Boston: New England Historic Genealogical Society, 1987.

25. Janet Foster and Julia Sheppard eds., *British Archives: A Guide to Archive Resources in the United Kingdom*, New York: Palgrave, 2002.

26. Edward Alexander Fry, *Almanacks for Students of English History*, London: Phllimore & Co., Ltd., 1915.

27. George Edwin Fussell, *Agricultural History in Great Britain and Western Europe before 1914: A Discursive Bibliography*, London: Pindar Press, 1983.

28. Fielding Hudson Garrison, *An Introduction to the History of Medicine: With Medical*

Chronology, Suggestions for Study and Bibliographic Data, New York: W. B. Saunders Company, 1913.

29. Garrison and Morton, *A Medical Bibliography: A Check-list of Texts Illustrating the History of the Medical Sciences*, North Haverhill: Grafton & Co., 1943.
30. George Gatfield, *Guide to Printed Books and Manuscripts Relating to English and Foreign Heraldry and Genealogy*, London: Mitchell and Hughes, 1892.
31. J. Gibson and E. Hampson, *Census Returns 1841-1891 in Microform: A Directory to Local Holdings in Great Britain, Channel Islands, Isle of Man,* Birmingham: Federation of Family History Societies, 1994.
32. J. Gibson and M. Medlycott, *Local Census Listings, 1522-1930: Holdings in the British Isles,* Birmingham: Federation of Family History Societies, 1992.
33. J. B. Gilbert, *Disease and Destiny: A Bibliography of Medical References to the Famous*, London: Dawsons of Pall Mall, 1962.
34. Francis Goodall, *A Bibliography of British Business History*, Aldershot: Gower, 1987.
35. Edgar B. Graves ed., *A Bibliography of English History to 1485*, Oxford: At the Clarendon Presss, 1975.
36. Charles Gross, *The Sources and Literature of English History: From the Earliest Times to about 1485*, London, 1900.
37. Charles Adam Gulick, Roy A. Ockert and Raymond J. Wallace, comps., *History and Theories of Working-Class Movements: A Select Bibliography*, Berkeley: The Bureau of Business and Economic Research and Institute of Industrial Relations, University of California, 1955.
38. Delloyd J. Guth, *Conference on British Studies Bibliographical Handbooks, Late-Medieval England, 1377-1485,* Cambridge: Cambridge University Press, 1976.
39. David W. Gutzke， Alcohol in the British Isles from Roman Times to 1996: An Annotated Bibliography, Westport Conn.: Greenwood Press, 1996.
40. Wendy Habgood ed., *Chartered Accountants in England and Wales: A Guide to Historical Records*, Manchester and New York: Manchester University Press, 1994.
41. Hubert Hall ed., *A Fomula Book of English Official Historical Documents*, 2 vols., Cambridge: Cambridge University Press, 1908-1909.
42. Hubert Hall, *Studies in English Official Historical Documents*, Cambridge: Cambridge University Press, 1908.
43. H. J. Hanham, *Bibliography of British History: 1851-1914*, Oxford: Clarendon Press, 1976.

44. June Hannam, Ann Hughes, Pauline Stafford comp., *British Women's History: A Bibliographical Guide*, Manchester: Manchester University Press, 1996.

45. Brian Harrison, *Drink and the Victorians: The Temperance Question in England, 1815-1872,* Staffordshire: Keele University Press, 1971.

46. J. F. C. Harrison and Dorothy Thompson, *Bibliography of the Chartist Movement, 1837-1976*, Sussex/Jersey: Harvester Press/Humanities Press, 1978.

47. Lucy A. Haskell comp., *British Primary Education: An Annotated Bibliography*, Urbana: Educational Resources Information Center, 1971.

48. Alfred Havighurst, *Conference on British Studies Bibliographical Handbooks, Modern England, 1901-1983,* Cambridge: Cambridge University Press, 1987.

49. Ann R. Hawkins ed., *Teaching Bibliography, Textual Criticism and Book History*, London: Pickering & Chatto, 2006.

50. Celia Heritage, *Tracing Your Ancestors Through Death Records: A Guide for Family Historians*, Barnsley: Pen & Sword Books Ltd., 2013.

51. Trevor H. Howard-Hill, *The British Book Trade, 1475-1890, A Bibliography*, 2 vols., London and New Castle: The British Library and Oak Knoll Press, 2009.

52. Arthur Lee Humphreys, *A Handbook to County Bibliography: Being a Bibliography of Bibliographies relating to the Counties and Towns of Great Britain and Ireland*, London: 187 Piccadilly, 1917.

53. Pamela Hunter, Veterinary Medicine: A Guide to Historical Sources, Burlington: Ashgate, 2004.

54. ICHS, *International Bibliography of Historical Sciences,* Berlin: Walter de Gruyter Gmbll & Co., 1930-.

55. Dale A. Johnson, *Women and Religion in Britain and Ireland: An Annotated Bibliography from the Reformation to 1993*, Lanham and London: Scarecrow Press, 1995.

56. Philip Johnson, *Parliament, Inventions and Patents: A Research Guide and Bibliography*, London and New York: Routledge, 2018.

57. Barbara Kanner ed., *The Women of England, from Anglo-Saxon times to the Present: Interpretative Bibliographical Essays*, Hamden: Shoe String Press Inc, 1979.

58. Mary Freak Keeler ed., *Bibliography of British History, Stuart Period, 1603-1714*, Oxford: At the Clarendon Press, 1970.

59. Edward Kremers, *A Bibliographic Guide for Students of the History of Pharmacy*, Wisconsin: University of Wisconsin, 1916.

60. Mortimer Levine, *Conference on British Studies Bibliographical Handbooks, Tudor England, 1485-1603,* Cambridge: Cambridge University Press, 1968.

61. David Linton and Ray Boston, T*he Twentieth-Century Newspaper Press in Britain:An Annotated Bibliography*, New York: Continuum International Publishing Group, Inc., 1994.

62. Alan Macfarlane, *A guide to English Historical Records,* Cambridge: Cambridge University Press, 1983.

63. Kirsten Madden, Janet Seiz and Michele Pujol, *A Bibliography of Female Economic Thought to 1940*, London and New York: Routledge, 2004.

64. Charles Trice Martin comp., *The Record Interpreter,* London: Steven and Sons, Ltd., 1910.

65. Henry Colin Gray Matthew and Brian Harrison eds., *Oxford Dictionary of National Biography*, 60 vols., Oxford: Oxford University Press, 2004.

66. Donald McDonald, *Agricultural Writers from Sir Walter of Henley to Arthur Young, 1200-1800,* London: Horace Cox, 1908.

67 Will S. Monroe, *Bibliography of Education*, New York: D. Appleton and Company, 1897.

68. Raine Morgan, *Farm Tools, Implements, and Machines in Britain: Pre-History to 1945: A Bibliography,* Reading: University of Reading and the British Agricultural History Society, 1984.

69. Frank H. Moyer, *A Comprehensive Bibliography of Open Education and Open Space Schools-A Reader's Guide*, Plainfield, 1972.

70. James Stuart Olson comp., *The History of Cancer: An Annotated Bibliography*, New York: Greenwood Press, 1989.

71. T. Onions ed., *The Oxford Dictionary of English Etymology*, Oxford: At the Clarendon Press, 1966.

72. John Orbell, *A Guide to Tracing the History of a Business*, Aldershot: Gower, 1987.

73. John Orbell, Alison Turton, *British Banking: A Guide to Historical Records*, Aldershot: Ashgate, 2001.

74. John Orbell, Richard Storey and Francis Goodall, comps., *Business History Explorer: Bibliography of UK Business and Industrial History*, Suffolk: Tailor's End Press, 2012.

75. George Ottley, *A Bibliography of British Railway History*, London: Her Majesty's Stationery Office, 1983.

76. Stanley Pargellis and D. J. Medley eds., *Bibliography of British History, The Eiteenth Century, 1714-1789,* Oxford: At the Clarendon Press, 1951.

77. Franklin Parker, *Education in England and Wales: An Annotated Bibliography*, New York: Garland Publishing, 1991.

78. Eric Partridge, *Origins: A Short Etymological Dictionary of Modern English*, London: Routledge and Kegan Paul, 1958.

79. Catherine Pickett, *Bibliography of the East India Company: Books, Pamphlets and Other Materials Printed Between 1600 and 1785*, London: The British Library, 2011.

80. Catherine Pickett, *Bibliography of the East India Company: Contemporary Printed Sources, 1786-1858*, London: The British Library, 2015.

81. S. Porter and I. Roy eds., *Handbook of British Chronology*, London: Offices of the Royal Historical Society, 1986.

82. Leslie Pressnell, *Guide to the Historical Records of British Banking*, Aldershot: Gower Publishing Ltd., 1985.

83. S. A. Raymond, *English Genealogy: A Bibliography*, Birmingham: Federation of Family History Societies, 1996.

84. Stuart Raymond, *London and Middlesex: A Genealogical Bibliography*, Birmingham : Federation of Family History Societies, 1994.

85. S. A. Raymond, *Irish Family History on the Web: A Directory,* Bury: Federation of Family History Societies, 2001.

86. Stuart Raymond, *The Wills of Our Ancestors: A Guide for Family & Local Historians*, Barnsley: Pen&SwordBooks, 2012.

87. Stuart Raymond, *Tracing Your Ancestors' Parish Records: A Guide for Family and Local Historians*, Barnsley: Pen&SwordBooks, 2015.

88. S. A. Raymond, *Introducing Family History,* Ramsbottom: Family History Partnership, 2007.

89. S. A. Raymond, *The Home Front 1939-1945: A Guide for Family Historians*, Ramsbottom: Family History Partnership, 2012.

90. S. A. Raymond, *Marriage Records for Family Historians*, Bury: Family History Partnership in association with S. A. & M. J. Raymond, 2010.

91. Conyers Read ed., *Bibliography of British History, Tudor Period, 1485-1603*, Oxford: At the Clarendon Press, 1959.

92. Lesley Richmond, Bridget Stockford, *Company Archives: The Survey of the Records of 1000 of the First Registered Companies in England and Wales,* Aldershot: Gower Publishing, 1986.

93. Lesley Richmond, Julie Stevenson and Alison Turton eds., *the Pharmaceutical Industry: A Guide to Historical Records*, Burlington: Ashgate, 2003.

94. Keith Robbins ed., *Bibliography of British History, 1914-1989*, Oxford: Clarendon Press, 1996.

95. Richard Rodger, *A Consolidated Bibliography of Urban History*, Aldershot: Scolar Press, 1996.

96. Samuel J. Rogal comp., *Medicine in Great Britain from the Restoration to the Nineteenth Century, 1660-1800: An Annotated Bibliography*, New York: Greenwood Press, 1992.

97. Samuel Rogal comp., *Agriculture in Britain and America, 1660-1820: An Annotated Bibliography of the Eighteenth-Century Literature*, Westport, Conn.: Greenwood Press, 1994.

98. The Royal Historical Society, *The Royal Historical Society Annual Bibliography of British and Irish history,* Hassocks: The Harvester Press, 1976-.

99. William L. Sachse, *Conference on British Studies Bibliographical Handbooks, Restoration England, 1660-1689,* Cambridge: Cambridge University Press, 1971.

100. Samuel Robert Scargill-Bird, *A Guide to the Principal Classes of Documents: Preserved in the Public Record Office*, London: Printed for HMSO, 1908.

101. Walter W. Skeat, *An Etymological Dictionary of the English Language*, Oxford: at the Clarendon Press, 1888.

102. John B. Smethurst comp., *A Bibliography of Co-Operative Societies' Histories,* Manchester: Co-operative Union Ltd., 1974.

103. Harold L. Smith comp., *The British Labour Movement to 1970: A Bibliography*, London: Mansell Publishing, 1981.

104. Robert A. Smith, *Conference on British Studies Bibliographical Handbooks, Late Georgian and Regency England 1760-1837,* Cambridge: Cambridge University Press, 1984.

105. John G. Sperling, *The South Sea Company: An Historical Essay and Bibliographical Finding List*, Boston: Baker Library, Harvard Graduate School of Business Administration, 1962.

106. Thomas Arthur Stephens, *A Contribution to the Bibliography of the Bank of England*, London: Effingham Wilson & Co., 1897.

107. Sir Leslie Stephen, Sir Sidney Lee eds., *Dictionary of National Biography*, 68 vols., London: Smith, Elder & Company, 1909.

108. Fanny Isabel Taylor ed., *A Bibliography of Unemployment and the Unemployed*, London: P. S. King & Son, 1909.

109. M. John Thearle comp., *A Bibliography of Medical History and Biography*, Brisbane: Department of Paediatrics and Child Health in The University of Queensland, 1997.

110. John Thomson, *Etymons of English Words*, Edinburgh and London: Published by Oliver Boyd,Tweeddale-Court and Longman, Rees, Orme, Brown & Green, 1826.

111. T. R. Thomson comp., *A Catalogue of British Family Histories*, London: Research Publishing Co., 1976.

112. Geoffrey Stewart Tomkinson, *A Select Bibliography of the Principal Modern Presses, Public and Private, in Great Britain and Ireland*, London: The First Edition Club, 1928.

113. Tony Trowles comp., *A Bibliography of Westminster Abbey: A Guide to the Literature of Westminister Abbey, Westminster School and St Margaret's Church Published Between 1571 and 2000*, Woodbridge: The Boydell Press, 2005.

114. Keith Tribe general editor, *A Critical Bibliography of Adam Smith*, London: Pickering & Chatto, 2002.

115. UK Stationery Office, *Chronological Table of the Statutes*, London: Printed by G. Eyres and William Spottiswoode, 1870.

116. Sir C. M. Waston, *British Weights and Measures as Described in the Laws of England from the Anglo-Saxon Times*, London: John Murray, 1910.

117. Sidney Webb and Beatrice Webb, *Bibliography of Road- making and Maintenance in Great Britain*, London: Roads improvement association, 1905.

118. Hensleigh Wedgwood, *A Dictionary of English Etymology*, London: Trubner & Co., 60, Paternoster Row, 1862.

119. Bertie Wikinson, *Conference on British Studies Bibliographical Handbooks, The High Middle Ages in England, 1154-1377,* Cambridge: Cambridge University Press, 1978.

120. Judith Blow Williams, *A Guide to the Printed Materials for English Social and Economic History 1750-1850*, 2 vols., New York: Columbia University Press, 1926.

121. Stephanie Zarach ed., *Debrett's Bibliography of British Business History,* Basingstoke: Macmillan, 1987.

122. Stephanie Zarach ed., *British Business History: A Bibliography*, Basingstoke and London: Macmillan, 1994.

123. Ronald E. Zupko, *A Dictionary of Weights and Measures for the British Isles: The Middle Ages to the Twentieth Century*, Philadelphia: American Philosophical Society, 1985.

中英文名词术语对照表

A

Abacus	算盘
Accounting Records	会计账簿记录
Acronyms	首字母缩略语
Act for Registering Births, Deaths and Marriages in England	《英格兰出生、死亡和婚姻登记法》
Adoption	收养
Advisory Committee on Statute Law	制定法咨询委员会
Agricultural Experimential Practitioners	农业试验员
Agricultural History	农业史
Agricultural Theorists	农业理论家
Amicable Society for A Perpetual Assurance Office	协和保险社
Analytical Bibliography	分析文献学
Archives	档案
Assize	法定标准
Autobiographies	自传
Avoirdupois	常衡
Avoirdupois Ounces	常衡盎司
Avoirdupois Weight	常衡重量单位

B

Badge	徽章
Bank Charter Act	《银行特许状法》
Bankruptcy	破产
Banns	结婚公告
Bibliography	文献学、文献编目
Bibliography of British and Irish History, BBIH	《英国历史文献编目》
BIPM	国际度量衡局
Blue Books	蓝皮书

Board of Agriculture	农业委员会
Board of Trade	英国贸易委员会
Book History	图书史
British Academy	英国学术院
British Agricultural History Society, BAHS	英国农业史学会
British Agricultural Society	英国农业协会
British Association of Pharmaceutical Wholesalers	英国制药批发商协会
British History Online, BHO	英国历史在线（网站）
British Library	大英图书馆
British Medical Association	英国医学学会
British Museums	大英博物馆
British National Bibliography, BNB	《英国国家文献编目》
British Records Association	英国档案协会
Bushel	蒲式耳
Business Archive Council, BAC	企业档案委员会
Business History	企业史
By-Laws	规章制度

C

Calendar of State Papers	《国务文件编年纪要》
Calendar Reform	历法改革
Cambridge Bibliographical Society	剑桥文献学会
Caroline Miniscule	加洛林小写体
Case Law	判例法
Cataloguing and Describing	编目与著录
Census	人口普查
Chancery	大法官法庭
Chancery Rolls	大法官法庭卷档
Chartered Accountants	注册会计师
Charter Act	《特许状法》
Chemotherapy	化学疗法
Chinese Medical	中医
Chronology	年代学
Church Assembly Measures	《圣公会大会法》
Civil Registration	民事登记
Clergy	教士
Clerk of the Papers of State	国务文件书记官
Clinical Services	临床服务

Coach	四轮马车
Codicology	手稿学
Collections of Transcripts	抄本收藏
Commission of Chronology	年代学委员会
Commissioners	专员
Common Law	普通法
Confirmation	批准书
Co-Operative Party	合作社党
Co-Operative Wholesale Society	批发合作社
Coroners	验尸官
Court of Exchequer of Pleas	财政署法庭
Court of King's Bench	王座法庭
Courts of Record	记录法庭
Crest	饰章

D

Deeds	契据
Departmental Records	政府部门记录
Descriptive Bibliography	描述文献学
Diplomatic	文书学
Dublin Society	都柏林学会

E

Early Childhood Education	早期儿童教育
Early English Books Online, EEBO	早期英语图书在线
Easter Books	复活节书
Eastern Union Railway	东部联盟铁路
Economic and Social History	经济社会史
Economic History Review, EHR	《经济史评论》
Economic History Society, EHS	英国经济史学会
Eighteenth Century Collections Online, ECCO	18 世纪藏书在线
Endowments	捐赠
English East India Company	英国东印度公司
Enumerative Bibliography	列举文献学
Epidemiology	流行病学
Epitaphs	墓志铭
Essex Record Office	埃塞克斯档案局
Estate Agents	地产经纪人

Ethnology	人种学
Etymology	词源学
Exchequer accounts	财政署账目记录

F

Family and Household Structure	家庭与家庭结构
Family Records	家庭记录
Farm Equipment	农业设备
Farm Machinery	农民工具
Farm Tools	农具
Fellow of the British Academy（FBA）	英国学术院院士
Feminism	女权主义
Feudal Tenures	封建保有
Formularies	药典
Full Professor	正教授
Furnishings	室内陈设
Furrow	犁沟

G

Gardens	园林
Gregorian Calendar	格里高利历
Genealogy	家谱学
General Register Office	登记总局
Gothic	哥特体
Government of India	《印度管理法》
Grand Armada	无敌舰队
Graphology	现代笔迹学
Guildhall Library	伦敦市政厅图书馆

H

Hagiography	圣徒传记
Heptarchy	七国时代
Her/ His Majesty’s Stationary Office	皇家文书局
Heraldry	纹章学、纹章
High Court of Admiralty	高等海事法庭
Highway Act	《公路法》
Historical Association	历史学会
Historical Bibliography	历史文献学

Historical Manuscripts Commission, HMC	历史手稿委员会
Historiography	历史编纂学
History of Farm Tools	农具史
History of Mental Illness, History	精神疾病史
History of Obstetrics and Gynaecology	妇科及产科病史
History of Public Health	公共卫生史

I

Iconography	肖像学
Immunotherapy	免疫疗法
Inner Temple	内殿律师公会
Institute of Accountants in Edinburgh	爱丁堡会计师协会
Institute of Chartered Accountants in England and Wales	英格兰和威尔士注册会计师协会
Intellectual History	思想史（精神史）
International Bibliography of Historical Sciences, IBOHS	《国际历史科学文献编目》
International Committee of Historical Sciences, ICHS	国际历史科学委员会
International Congress of Historical Sciences	国际历史科学大会
International Co-Operative Alliance	国际合作社联盟
Italic	意大利体

J

Joint Committee on National Bibliography	国家文献编目联合委员会
Julian Calendar	儒略历
Justices of Assize	巡回法庭法官
Justices of the Peace	治安法官

L

Labour History	劳工史
Labour Movement	工人运动
Land Preparation	整地
Land Surverys	土地调查员
Law Reports	法律报告
Legal Chronology	法律年表
Letters Close	密封函令
Letters Missive	公文函件
Letters Patent	专利特许证
Library of the Treasury	财政部图书馆
Lincoln's Inn	林肯律师公会

Linguistics	语言学
Local Annals	地方年鉴
Local History	地方史
Local Records	地方档案

M

Making of Modern Law: Legal Treaties 1800-1926, MOML	现代法律之路数据库
Making of the Modern World, MOMW	现代世界的形成数据库
Manuscript Collections	手稿藏品
Manuscripts	手稿
Master of the Rolls	卷宗总管
Medical History	医学史
Medieval and early modern history	中世纪和近代早期史
Memoirs	回忆录
Memorandum	备忘录
Memorial Inscriptions	纪念铭文
Mental Pathology	精神病理学
Methodologies	方法论
Metrology	度量衡学
Microform	微缩胶片
Middle Temple	中殿律师公会
Ministerial Proceedings	行政程序
Ministry of Agriculture	农业部
Ministry of Justice	司法部
Mintue Books	会议纪要
Monographs	专著文献
Most Honourable Order of the Bath	巴斯勋位

N

National Archives, TNA	英国国家档案馆
Nineteenth Century Collections Online, NCCO	19 世纪藏书在线
Non Ministerial Departments	非内阁部门
Numismatics	钱币学

O

Official Reports of the Debates in both Houses	上下两院辩论正式报告
Online Collection	在线收藏
Open Education	开放教育

P

Palaeographical Tests	校勘、文献考订
Palatinate of Durham	达勒姆巴拉丁伯爵领
Palatinate of Lancaster	兰开斯特巴拉丁伯爵领
Paleography	古文字学
Paleopathology	古病理学
Parish Records	教区档案
Parish Registers	教区记录
Parliamentary Papers	议会文件
Patent	专利
Pathology	病理学
Pathology History	病理学史
Petition	请愿
Pharmacy Schools	药剂学院
Philological Society	英国语文学学会
Ploughing	耕作
Poor Law Union	济贫法工会
Precedent Books	判例汇编
Primary Education	初等教育
Primary Sources	一手文献（原始文献）
Printed Sources	印刷资料
Printer to the King	国王的印刷业者
Private Laws	私法案
Proclamations	公告
Productive Co-Operative	生产合作社
Professional Education	职业教育
Public Laws	公法案
Public property	公共财产
Public Record Office Act	《公共档案局法》
Public Record Office, PRO	公共档案局
Public Records Act	《公共档案法》

R

Radiotherapy	放射疗法
Railway History	铁路史
Register of Companies	公司注册署
Registration Number	注册号码
Religious Records	宗教记录

Ridge	垄
Rolls	卷宗
Roman Catholic Records	罗马天主教记录
Round Hand	圆体
Royal Commission on Historical Manuscripts	英国皇家历史手稿委员会
Royal Commission on Public Records	英国皇家档案委员会
Royal Historical Association	英国皇家历史协会
Royal Historical Society	英国皇家历史学会
Royal Literary Fund	英国皇家文学基金会
Royal Philharmonic Society	皇家爱乐协会
Rural Economy	农村经济

S

Saints' Days	圣徒节
Scottish Record Office	苏格兰档案局
Seal	印章
Secondary Eduction	中等教育
Secondary Sources	二手文献、研究性文献
Secretaries of the State	国务大臣
Secretary of State for Constitutional Affairs	宪法事务部国务大臣
Seldon Society	塞尔登学会
Sermons Lectures	布道演讲
Sigillography	印章学
Society of Improvers of Agriculture	农业改良者协会
Sowing and Drilling	播种与条播
Special Collections	特藏
Square Anglo-Saxon Minuscule	古盎格鲁－撒克逊小写体
St Margart's Church	圣玛格丽特教堂
Standard Yard	标准码
Star Chamber	星室法庭
State Paper Office	国务文件局
State Papers	国务文件
State Papers Online, SPO	国务文件在线数据库
Statistics	统计资料
Statute Staple	《商站法》
Statutes	议会法令（制定法）
Straw Plaiting	草编工艺
Supreme Court of Judicature	最高法院
Surgery History	外科手术史

T

Table of Regnal Years	王位年表
Taxonomy	分类学
Teacher Education	教师教育
Terminology	术语
Tertiary education	高等教育
Textual Criticism	文本分析
Tower of London	伦敦塔
Trade Unions	工会
Transport	运输
Travel Accounts	游记
Troy System	金衡制
Trusts & Estates	信托与地产
Tudor Secretary	都铎秘书体

U

Uncial	安瑟尔体
Unemployment	失业

W

Weights and Measures	度量衡
Welsh Bibliographical Society	威尔士历史文献学会
White Papers	白皮书

后 记

2007年我首次接触到英国史的数据库。当时我就被“早期英语图书在线”所吸引，下载了大量文献，并刻录了几十张光盘。随后几年，每年我都给所指导的研究生刻录一套这样的光盘，而且还不断扩充。然而，在阅读和利用这些文献时，我们首先碰到的就是语言问题。这些文献所使用的语言并非现代英语，而是中世纪晚期和近代早期英语，又以哥特体（黑体）为主，阅读起来相当不易。于是，我开始自学英语史，并于2009年正式为研究生开设了“英语史与英国历史文献导读”课程。从此，我与英国历史文献学结下了不解之缘。

我逐渐认识到，文献学不单是开展历史研究的基础，而且还是理解和把握现实的坐标，尤其是对于英国这样的渐进发展模式国家而言，文献学更加重要。巧妇难为无米之炊。史学不是史料学，然而，没有史料就没有史学。在实物、口碑与文献三大史料中，文献史料是历史学习研究者还原历史本真的基本依据，也是广大历史文化爱好者自我提升的坚实阶梯，更是我们理解和把握现实走向的前提。例如，1278年爱德华一世时期制定的《格洛斯特法》1863年才得以废除，1991年却又在英王的曼恩岛恢复，至今仍然有效。因此，英国历史文献学专题研究，不仅可以重新认识英国、西方乃至世界历史上的若干重大问题，而且具有重大现实意义。

遵循学界前辈的谆谆教导，有赖学界同仁的无私帮助，我从 2017 年起有幸主持国家社科基金重大项目“英国经济社会史文献学专题研究”，得以集中精力从事英国历史文献学领域的学术研究工作。经过摸索，我深切地感受到，作为中国人尝试开展外国历史文献学尤其是英国历史文献学研究，难度之大，超乎想象。这不仅需要下苦功夫、笨功夫和真功夫，而且需要有长期积累、宽广视野和专业知识技能。由于我们积累不足、相关知识能力有限，于是在 2018 年底我就开始设想翻译或编写一本英国历史文献学入门书。我带领我的研究生几乎查遍了国内各大图书馆，令人遗憾的是，收获寥寥。我们不得不花费数千元从国外购买了几十本外文图书。最终我们感到从梳理英国经济社会史文献学著作入手，也许是摸索门径的可行方案。在这个过程中，上海师范大学李新宽教授的加入极大地增强了我们的信心和力量。在此，我们对学界前辈、同仁表示由衷谢意！

在接近完成初稿时，我们赶上了新冠肺炎疫情。在这场全人类共同面临的大灾难面前，我们再次感受到了追求学术真理的不易。学术研究往往与不同的利益纠缠不清，从而使“无私的研究让位于豢养的文丐的争斗，不偏不倚的科学探讨让位于辩护士的坏心恶意”（《资本论》第 1 卷，人民出版社 2004 年版，第 17 页）。史学是需要科学性与革命性有机结合的典型学科。我们立足中国，研究英国，放眼世界，坚持以中国人的立场和问题意识，审视英国经济社会史文献学专题，以期通过提出不同的文献学主题来引导相应的学术研究。正如马克思曾说的那样：“科学绝不是一种自私自利的享乐。有幸能够致力于科学研究的人，首先应该拿自己的学识为人类服务。”（《回忆马克思恩格斯》，人民出版社 1957 年版，第 68 页）

历史研究是一切人文社会科学的基础，也是全部现代人类知识体系的基础，而历史文献学则是历史研究的基础。这部书稿是在我十多年来从事相关教学工作基础上总结提炼而成，可以作为学习研究英国历史文化尤其是学习研究英国经济社会史的入门参考书。这将有助于大学生尤其是相关专业的研究生寻找有效选题，从而避免重复选题和无效劳动，有助于夯实相关课程的教学科研基础，提高相关学科方向的人才培养质量。

在统稿过程中，我的博士生姚海宁同学协助完成了全书编辑注释格式调整、英国经济社会史文献学主要著作目录和中英文名词术语对照表的编制等工作。东方出版社的李斌和李小娜同志，也为此书的编辑出版费心费力。在此，我代表该书的编写团队对他们表示由衷谢忱！当然，文责自负。我不是挂名主编，而是实实在在地带领团队亲自设计思路、编写体例、撰写样稿、购买和复制资料、反复统稿全书。因此，全书的谬误、错讹之处主要由我承担。我诚恳地期待着学界的批评。

初生之物，其形必丑。“其作始也简，其将毕也必巨”（《庄子·人间世》）。我们期待着有更多人一起关注英国经济社会史文献学，共同为加快我国的英国经济社会史学科体系、学术体系和话语体系建设作出更大成就！

张乃和

2020 年 6 月 30 日于天津